大夏书系·成尚荣教育文丛

儿童立场

成尚荣　著

华东师范大学出版社

全国百佳图书出版单位

目　录

第一辑　教育的大智慧是认识和发现儿童

第二辑 派到儿童世界去的文化使者

第三辑 可能性的召唤

第四辑　心灵的谷仓与那口藏着的水井

自序
在更大的坐标上讲述自己的故事

　　曾经犹豫很久，不知丛书的自序究竟说些什么，从哪里说起，怎么说。后来，我想到，丛书是对自己人生的第一次小结，而人生好比是个坐标，人生的经历以及小结其实是在坐标上讲述自己的故事。于是自序就定下了这个题目。

　　与此同时，我又想到故事总是一节一节的，一段一段的，可以分开读，也可以整体地去读。因此，用"一、二、三……"的方式来表达，表达人生的感悟。

一　尚可：
对自己发展状态的认知

　　我的名字是"尚荣"二字。曾记得，原来写的是"上荣"，不知何人、何时，也不知何因改成"尚荣"了。那时，家里人没什么文化，我们又小，改为"尚荣"绝对没有什么文化的考量，但定有些什么不知所云的考虑。

　　我一直认为"尚荣"这名字很露，不含蓄，也很俗，不喜欢，很不喜欢。不过，现在想想，"尚荣"要比"上荣"好多了，谦逊多了，也好看一点。我对"尚荣"的解读是"尚可"，其含义是，一定要处在"尚可"的认知状态，然后才争取从尚可走向尚荣的理想状态。

　　这当然是一种自我暗示和要求。我认为，人不能喧闹，不能作秀，更不能炫耀（何况还没有任何可以炫耀的资本）。但人不能没有精神，不能没有思想，我一直要求自己做一个有追求的人，做一个精神灿烂的人。正是"尚可""尚荣"架构起我人生的坐标。尚可，永远使我有种觉醒和警惕，无论有什么进步、成绩，只是"尚可"而已；尚荣，永远有一种想象和追求，无论有什么进展、作为，只不过是"尚荣"而已。这一发展坐标，也许是冥冥之中人生与我的约定以及对我的承诺。我相信名字的积极暗示意义。

二 | 走这么久了，才知道现在才是开始

我是一只起飞很迟的鸟，不敢说"傍晚起飞的猫头鹰"，也不愿说"夕阳无限好，只是近黄昏"。说起飞很迟，是因为 61 岁退休后才安下心来，真正地读一点书，写一点小东西，在读书和写作中，生发出一点想法，然后把这些想法整理出来，出几本书，称作"文丛"。在整理书稿时，突然之间有了一点领悟。

第一点领悟：年龄不是问题，走了那么久，才知道，原来现在才是开始。人生坐标上的那个起点，其实是不确定的，任何一个点都可以成为起点；起点也不是固定的某一个，而是一个个起点串联起发展的一条曲线。花甲之年之后，我才开始明晰，又一个起点开始了，真正的起点开始了。这个点，就是退休时，我在心里默默地说的：我不能太落后。因为退休了，不在岗了，人一般会落后，但不能太落后。不能太落后，就必须把过去的办公桌，换成今天家里的那张书桌，书桌告诉我，走了那么久，坐在书桌前，才正是开始。所以，年龄真的不是问题，起点是自己把握的。

第二点领悟：人生是一首回旋曲，总是要回到童年这一人生根据地去。小时候，我的功课学得不错，作文尤其好。那时，我有一个巴望：巴望老师早点发作文本。因为发作文本之前，总是读一些好作文，我的作文常常被老师当作范文；

也常听说，隔壁班的老师也拿我的作文去读。每当那个激动人心的时刻来临，我会想入非非：总有一天要把作文登在报刊上，尤其是一定要在《新华日报》上刊登一篇文章。童年的憧憬和想象是种潜在的力量。一个人童年时代有没有一点想入非非，今后的发展还是不同的。和过去的学生聚会，他们也逐渐退休了，有的也快70岁了。每每回忆小学生活，总忆起那时候我读他们的作文。文丛出了，我似乎又回到了自己的童年时代。童年，那是我人生的根据地；人总是在回旋中建构自己的历史，建构自己的坐标，总得为自己鸣唱一曲。

第三点领悟：人的发展既可以规划又不能规划，最好的发展是让自己"非连续发展"。最近我很关注德国教育人类学家博尔诺夫的"非连续"教育理论。博尔诺夫说，人是可以塑造的，但塑造的观点即连续性教育理论是不完整的，应当作重要调整和修正，而非连续性教育倒是对人的发展具有根本的意义。我以为，非连续性教育可以迁移到人的非连续性发展上。所谓非连续性发展，是要淡化目的、淡化规划，是非功利的、非刻意的。我的人生好像用得上非连续发展理论。如果你功利、浮躁、刻意，会让你产生"目的性颤抖"。人的发展应自然一点、"随意"一点，对学生的教育亦应如此，最好能让他们跳出教育的设计，也让名师的发展跳开一点。只有"尚可"，才会在不满足感中再向前跨一点。

三 | 坐标上的原点：
追寻和追赶

文丛实质上是我的一次回望，回望自己人生发展的大概图景，回望自己的坐标，在坐标上讲述自己的故事。回望不是目的，找到那个点才最为重要。我要寻找的是那个坐标上的原点，它是核心，是源泉，是出发点，也是回归点。找到原点，才能架构人生发展的坐标，才会有真故事可讲。

那个点是什么呢？它在哪里呢？

它在对人生意义的追寻中。我一直坚信这样的哲学判断：人是意义的创造者，但人也可以是意义的破坏者。我当然要做意义的创造者。问题是何为意义。我认定的意义是人生的价值，既是个人存在和发展的价值，也是对他人对教育对社会产生的一点影响。而意义有不同的深度，价值也有不同的高度。值得注意的是，人生没有统一的深度和高度，也没有统一的进度和速度，全在自己努力，不管从什么时候开始，你努力了，达到自己的高度才重要，把握自己的进度才合适。而所谓的努力，对我来说就是两个字：追赶。因为我的起点低，基础薄弱，非"补课"不可，非追赶不可。其实，追赶不仅是态度，它本身就是一种意义。

我追赶青春的步伐。路上行走，我常常不自觉地追赶年轻人的脚步，从步幅到步频。开始几分钟，能和年轻人保持一致，慢慢地赶不上了。过了几分钟，我又找年轻人作对象，去追赶他们的脚步，慢慢地，又落后了。追赶不上，我不遗憾，因为我的价值在于追求。这样做，只是对自己的要求，是想回到青年时代去，想再做一回年轻人，也是向年轻人学习，是向青春致敬的一种方式。有了青春的步伐，青春的心态，才会有青春的书写。

我追赶童心。我曾不止一次地引用作家陈祖芬的话：人总是要长大的，但眼睛不能长大；人总是要变老的，但心不能变老。不长大的眼是童眼，不老的心是童心。童心是可以超越年龄的，只要有童心，就会有童年，就会有创造。我自以为自己有颗不老的童心，喜欢和孩子说话，喜欢和年轻人对话，喜欢看绘本，喜欢想象，喜欢天上云彩的千变万化，看到窗前的树叶飘零了，我会有点伤感。追赶童心，让我有时激动不已。

我追赶时代的潮流。我不追求时尚，但是我不反对时尚，而且关注时尚。同时，我更关注时代的潮流，课程的，教学的，教育的，儿童的，教师的；经济的，科技的，社会的，哲学的，文化的。有人请我推荐一本杂志，我毫不犹豫地推荐《新华文摘》，因为它的综合性，让我捕捉到学术发展的前沿信息。每天我要读好几种报纸，报纸以最快的速度传递时代的信息，我会从中触摸时代的走向和潮流。读报并非消遣，而是让其中一则消息触动我的神经。

所有的追赶，都是在寻觅人生的意义。人生坐标，当是意义坐标。意义坐标，让我不要太落后，让我这只迟飞的鸟在夕阳晚霞中飞翔，至于它落在哪个枝头，都无所谓。迟飞，并不意味着飞不高飞不远，只要是有意义的飞翔，都是自己世界中的高度和速度。

四 | 大胸怀：
发展的坐标要大些

人生的坐标，其实是发展的格局，坐标要大，就是格局要大。我家住傅厚岗。傅厚岗曾住过几位大家——徐悲鸿、傅抱石、林散之，还有李宗仁。我常在他们的故居前驻足，见故屋，如见故人。徐悲鸿说，一个人不能有傲气，但一定要有傲骨；傅抱石对小女傅益瑶说，不要做文人，做一个有文化的人，重要的是把自己的胸襟培养起来。徐悲鸿、傅抱石的话对我启发特别大。我的理解是：大格局来自大胸怀，胸怀大是真正的大；大格局不外在于他人，而是内在于人的心灵。而胸怀与视野联系在一起。于是，大视野、大胸怀带来大格局，大格局才会带来大一点的智慧，人才能讲一点更有内涵、更有分量的故事。这是我真正的心愿。

大胸怀下的大格局，是由时间与空间架构成的坐标。用博尔诺夫的观点看，空间常常有个方向：垂直方向、水平方向和点。垂直方向引导我们向上，向天空，向光明；水平方向引导我们向前；点则引导我们要有一个立足点。无论是向上，还是向前，还是选择一个立足点，都需要努力，都需要付出。而时间则是人类发展的空间。时间特别引导人应当有明天性。明天性，即未来性，亦即向前性和向上性。所以，实践与空间构筑了人生的坐标，这样的坐标是大坐标。

五 | 对未来的慷慨：
把一切献给现在

在这样的更大坐标中，需要我们处理好现实与未来的关系。我非常欣赏这样的表述：对未来的慷慨，是把所有的一切都献给现在。其意不难理解：不做好现在哪有什么未来？因此想要在更大的坐标上讲述故事，则要从现在开始，只有着力讲好今天的故事，才有明天的故事。有一点，我做得还是比较好的：不虚度每一天，读书、读报、思考、写作成为一天的主要生活内容，也成了我的生活方式。有老朋友对我的评价是：成尚荣不好玩。意思是，我不会打牌，不会钓鱼，不会喝酒，不喜欢游山玩水。我的确不好玩。但我觉得我还是好玩的。我知道，年纪大了，再不抓紧时间读点书写点什么，真对不起自己，恐怕连"尚可"的水平都达不到。这位老朋友已离世了，我常默默地对他说：请九泉之下，仍继续谅解、宽容我的不好玩吧。真的，好不好玩在于自己的价值认知和追求。

六 | 首先做个好人，
一个有道德的人

讲述的故事不管有多大，有一个十分重要的主题，那就是做个好人。做个好人真不容易。我对好人的定义是：心地善良，有社会良知，谦虚，和气，平等对人，与人为善，多站在对方的位置上想想。我的主要表现是：学会"让"。让，不是软弱，而是不必计较，不在小问题上计较，不在个人问题上计较。所谓好人，说到底是做个有道德的人。参与德育课程标准的研讨，参与道德与法治教材的审查，参与学生发展核心素养的论证，我最大的体会是：道德是照亮人生之路的光源，人生发展坐标首先是道德坐标。我信奉林肯的论述："能力将你带上峰顶，德行将让你永驻那儿。"我还没登上峰顶，但是道德将成为一种攀登的力量和永驻的力量。我也信奉，智慧首先是道德，一如亚里士多德所言，智慧是就那些对人类有益的或有害的事采取行动的真实的、伴随着理性的能力状态。我又信奉，所谓的退、让，实质上是进步，一如插秧歌："手把青秧插满田，低头便见水中天，六根清净方为道，退步原来是向前。"我还信奉，有分寸感就不会贪，有意志力就不怕，有责任心就不懒，有自控力就不乱。而分寸感、意志力、责任心、自控力无不与道德有关。

在更大的坐标上讲述故事，是一个反思、梳理、提升的过程，学者称之为"重撰"中的深加工。文丛试图对以往的观点、看法作个梳理，使之条理化、结构化，得以提升与跃迁。如果作一些概括的话，至少有三点体会。其一，心里有个视角，即"心视角"。心视角，用心去观察问题、分析问题。心视角有多大，坐标就可能有多大；心视角有多高，坐标就可能有多高。于是，我对自己的要求是，对任何观点、任何现象的分析、认识看高不看低，往深处本质上去看，往立意和价值上去看。看高就是一种升华。其二，脑子里有个思想的轮子。思想让人站立起来，让人动起来、活起来，人的全部尊严在于思想。思想是从哪里来的？来自哲学，来自文学，来自经典著作。我当然相信实践出真知，但是实践不与理论相结合，是出不了思想的。思想好比轮子，推着行动走。倘若文章里没有思想，写得再华丽都不是好文章。我常常努力地让思想的轮子转动起来。发展坐标是用思想充实起来、支撑起来的。其三，从这扇门到那扇门，打开一个新的天地。读书时，我常有种想象，并把这种阅读称作"猜想性阅读"。这样的阅读会丰富自己原有的认知框架，甚至可以改变自己原有的认知框架。写作则是从这扇门到那扇门，由此及彼，由表及里，由浅及深，是新的门窗的洞开。

七｜把坐标打开：

把人、文化，把教育的关注点、研究点标在坐标上

更宽广的视野，更丰富的心视角，必然让坐标向教育、向生活、向世界打

开。打开的坐标才可能是更大的坐标。我对专业的理解，不囿于学科，也不囿于课程，而要在人的问题上，在文化的问题上，在教育改革、发展的一些大问题上有些深度的阐释和建构，这样的专业是大专业。由此，对教师的专业发展我曾提出"第一专业"的命题。对教师专业发展如此，对教育科研工作者也应有这样的理解与要求。基于这样的认识，文丛从八个方面梳理、表达了我这十多年对有关问题思考、研究的观点：儿童立场、教师发展、道德、课程、教学、语文、教学流派以及核心素养。我心里十分清楚：涉及面多了，研究的专题不聚焦，研究的精力不集中，在深度上、在学术的含量上达不到应有的要求。不过，我又以为，教育科研者视野开阔一点，视点多一点，并不是坏事，倒是让自己在多样性的认知与比较中，对某一个问题发现了不同的侧面，让问题立起来，观察得全面一些，也深入一些。同时，研究风格的多样化，也体现在研究的方向和价值上。

坐标打开，离不开思维方式和打开方式。我很认同"遮诠法"。遮诠法是佛教思维方式。遮，即质疑、否定；诠，即诠释、说明。遮不是目的，诠才是目的；但是没有遮，便没有深度、独特的诠；反过来，诠让遮有了更充足的理由。由遮到诠是思维方式，也是打开、展开的方式。

遮诠法只是我认同并运用的一种方式，我运用得比较多的是"赏诠法"。所谓赏，是肯定、认同、赞赏。我始终认为，质疑、批评、批判，是认识问题的方式，是指导别人的方式，而肯定、认同、赞赏同样是认识问题的方式，同样是指导别人的方式，因为肯定、认同、赞赏，不仅让别人增强自信，而且知道哪些是认识深刻、把握准确、表达清晰的，需要保持，需要将其放大，争取做得更好。对别人的指导应如此，对自己的学习和研究也应这样。这样的态度是打开的，坐标也是打开的。打开坐标，研究才会有新视野和新格局。

打开，固然可以深入，但真心的深入应是这一句话："根索水而入土，叶追日而上天。"我对自己的要求是：向上飞扬，向下沉潜。要向上，还要向下，首先是"立起身来"。原来，所有的坐标里，都应有个人，这个人是站立起来的。这样的坐标才是更大的坐标。

八 | 打开感性之眼，
开启写作之窗

不少人，包括老师，包括杂志编辑，也包括一些专家学者，认为我的写作是有风格的，有人曾开玩笑地说：这是成氏风格。

风格是人的影子，其意是人的个性使然，其意还在风格任人去评说。我也不知道自己的写作风格究竟是什么，只知道，那些文字是从我的心里流淌出来的，大概真实、自然与诗意，是我的风格。

不管风格不风格，有一点我是认同的，而且也是在努力践行的，那就是相信黑格尔对美的定义：美是用感性表达理念和理性。黑格尔的话与中国文化传统中的"感悟"，以及宗白华《美学散步》中的"直觉把握"是相同的，相通的。所以，我认为，写作首先是打开感性之眼，运用自己的直觉把握。我自觉而又不自觉地坚持了这一点。每次写作，总觉得自己的心灵又敞开了一次，又自由呼吸了一次，似乎是沿着一斜坡向上起飞、飞翔。心灵的自由才是最佳的写作状态，最适宜的写作风格。

当然也有人曾批评我的这一写作风格，认为过于诗意，也"带坏"了一些教师。我没有过多地去想，也没有和别人去辩论。问题出在对"诗意"的理解存在偏差。写作是个性化的创造，不必去过虑别人的议论。我坚持下来了，而且心里很踏实。

九 | 讲述故事应当有一个
丰富的工具箱

工具的使用与创造，让人获得了解放，对工具的使用与创造已成为现代人的核心素养。

讲述故事也需要工具，不只是一种工具，而且要有一个工具箱。我的工具箱里有不少的工具。一是书籍。正如博尔赫斯所说的，书籍是人类创造的伟大工具。书籍这一工具，让我的心灵有了一次又一次腾飞的机会。二是艺术。艺术是哲学的工具。凭借艺术这一工具我走向哲学的阅读和思考。长期以来，我对艺术作品及其表演非常关注。曾记得，读师范时，我有过编写电影作品的欲望，并很冲动。现在回想起来，有点好笑，又非常欣慰。因为我那电影梦，已转向对哲学、伦理学的关注了。三是课程。从目的与手段的关系看，课程是手段，是工具。课程这一透镜，透析、透射出许多深刻的意蕴。四是教科书。我作为审查委员，对教材进行审查时，不是审查教材本身，而是去发现教材深处的人——教材是不是为人服务的。工具箱，提供了操作的工具，而工具的使用，以及使用中生成的想象，常常帮助我去编织和讲述故事。

十 | 故事让时间人格化，
我要继续讲下去

故事可以提供一个可供分享的世界。不过，我的目的，不只在与世界分享，更为重要的是，通过故事让时间人格化，让自己的时间人格化。讲述故事，是对过去的回忆，而回忆时，是在梳理自己的感受，梳理自己人格完善的境脉。相信故事，相信时间，相信自己的人生坐标。

我会去丰富自己的人生坐标，在更大的坐标上，继续讲述自己的故事。

2017 年 1 月 15 日

写在前面
儿童立场：情感与思维的沸腾

"写在前面"，写些什么呢？关于儿童立场，我的许多想法都已"写在前面"了，再在"前面"写些什么，已无什可说了。不过，按规定，还是得写些什么吧；再说，心里还是有些要说的。

想起两件事，一直在我记忆的深处，有时还比较活跃。犹如美学之父鲍姆嘉登讨论"审美训练"时所说的审美情绪，他用了"沸腾"一词，意即"沸腾的审美情绪"，由此再会臻于美学，最终，美才成为一种教养。也许，儿童一直在我的生活中沸腾着，在沸腾的审美生活中，心里才会真正的像儿童。这样，儿童才是鲜活的。

第一件事，一所小学展示省教学改革前瞻性项目，音乐老师上了一堂相当精彩的课。在教师的帮助下，学生主动探究，互相帮助，学会了，快乐起来，可以说，他们的情绪是真正沸腾的，整个学习过程充满着审美体验。课刚结束，主持人希望我和孩子们说几句。当时，孩子们坐在舞台地板上，老师也是。我上台后，征求孩子们的意见，我是坐椅子上，还是坐在地板上呢。孩子们的意见是不同的：请我坐椅子上的，理由是老师应坐椅子，况且，成老师年老了；请我坐地板上的，理由是师生应当平等。都有道理，前者是道德关怀，后者是民主、平等关系的追求，持这两种意见者心中都有自己的伦理道德原则的存在。我当然应坐在地板上，平常倡导老师要蹲下来和孩子上课，何况今天学生已坐在地板上了。

于是伴着音乐快乐、活跃的余温，一场对话开始了……实话实说，年近80了，蹲下去，还要站起来，还是吃力的，不方便的。

听说，后来这张照片在网上传得很快，阅读的人很多，点赞的也不少。连儿子都说了一些感动、表扬的话。我心里很平静，因为我认为这很正常，和学生平起平坐，是应该的。这些话，确实是真实的，没有丝毫的虚假。当时，我坐下去了，听课的老师有掌声，我的第一反应是：他们认为一个老人能这么做，很不容易——我始终认为自己并不老，但那天那个时候，我突然觉得自己老了，连做这么正常的事也能得到大家的肯定了。

但是，后来我想到的却不是以上的这些，而是儿童学习生活中的情绪沸腾问题。情绪不沸腾，怎么能兴致勃勃地学习呢？怎么学会学习呢？想到这些还远远不够，深度的思考应该是：儿童沸腾的情绪从哪里来？原因很多，其中一个重要的原因是：教师的态度，教师的民主意识，教师的尊重、信任、鼓励。沸腾的情绪，当然是情感的沸腾，沸腾的情感改变了认知过程，学习成为暖认知的过程。遗憾的是，当下课堂上，儿童的情感还没真正沸腾起来，所以，课堂教学还没有发生根本性变化，学生学会学习，努力学习，创造性学习，享受学习，还远远没有到位。我记住的是，情感应该是一块磁石。

第二件事，还是在一所小学听课，一堂语文课，一堂数学课。他们追求的是"助力课堂""助力学习"，课堂上学生思维相当活跃，知识全是在思考、讨论、合作中学会的，连我这个听课者也被"卷入"。语文课上，我对课文中一个字的读音有疑义，情不自禁向任教老师和上课的学生提了出来，无意中我也成了这个班的成员。下了课，依然是我主持和师生的对话。我首先向学生提了一个问题：我是听课的老师，只能听，不能讲话，但是今天的课上我提问了，参与了讨论，你们认为我这样做对吗？算是破坏了课堂教学规则和秩序吗？学生们一致认为，这不算违规，理由是，大家都应该学习；课堂是开放的，所有人都可以参与；教师也应像我们小学生一样学会学习，更应是终身学习者……接着对这两堂课作了评点，句句在理，每条建议都引发教师思考。老师们都说：没有想到，学生们有这么高的水平。用时尚的话来说，就是：厉害啊，孩子！

这一次体会，我聚焦于一点：儿童的思维。所谓课堂教学审美情绪的沸腾，不只是情绪，也不只是情感，还有思维，只有思维真正沸腾了，学习生活才能真正沸腾；从某一个角度说，思维的沸腾，表现为情绪、情感的沸腾。杜威说的对：学习就是要学会思维。他强调的是反省思维，我的理解是思维的挑战性，挑战性思维的实质是思维的深度，是深度的思维沸腾。赫胥黎这位学者用诗一样的句子作了表述：每一次思维的收获肯定会像麦穗一样颗粒饱满。叔本华分析人的视野时这么说，"每个人都把自己的视野的极限当作世界的界限"，让自己的视野开阔、宏大起来，那就要让思维活跃起来，张开思维想象的翅膀飞翔，那么，世界也就大了。所以，真正的学校是思维的王国；而我想说的是，思维可能是一块擦火石。

以上两件事，让我一次又一次想起儿童。我们一直强调儿童立场，这是正确的、重要的，是永远的追求。问题是，儿童立场不是一句空话，儿童立场也不只是表面的尊重，其深度在于价值。儿童立场是价值的载体，也是价值本身，而其价值还应从情感、思维的价值中去追索。情感要沸腾，思维也要沸腾，情感与思维沸腾了，学习生活便会沸腾起来，于是，美就来到了课堂，来到了儿童的心灵。儿童是美的，儿童立场便是美的，教育便是美的。

核心观点
儿童研究视角的坚守、调整与发展走向

　　我一直以为，儿童研究应当是教育研究的母题，教育的一切研究都是以儿童研究为基底的，都要从儿童出发，为了儿童发展而研究儿童。最新的研究，也形成了一个重要观点："儿童文化研究应位于教育理论研究最前沿。"[1] 而儿童研究的一个十分重要的目的是真正建立起儿童立场，其宗旨是站在儿童立场上，推进儿童文化的深度建设，促进儿童健康全面发展。

　　我曾就儿童立场发表过一篇文章：《儿童立场：教育从这儿出发》，阐述了一些问题。随着时代的发展、教育改革的深入以及研究的发掘，儿童立场研究面临着新形势、新问题、新要求，儿童立场研究内涵更加丰富，研究方式也发生了一些变化，这是儿童研究面临的新挑战。我们应当接受这一挑战。挑战面前，既成的研究结果有的要变，有的不应变也不能变。为此，儿童研究的基本态度应包括两个方面：一是坚信与坚守，即通过对已有研究成果、结论的梳理，坚信对核心观点、基本规律的遵从和坚守；二是对已有研究成果、结论进行检讨和反思，作适当调整、补充、修正，有的要进行时代转化，有的还需要转向。这一基本态度实际上是儿童研究的基本立场。儿童研究的基本立场一定会进一步丰富、完善、提升教育的儿童立场；而站在儿童立场上也一定会更加准确把握儿童研究的方向，并进一步开发儿童研究的深度。

---

[1] 安妮李·林德格伦.儿童文化的本体论实践 [J]. 童年——全球儿童研究杂志, 2016（3）.

一｜儿童教育
和儿童研究正经受时代的挑战

当下的儿童研究与儿童教育中有两种现象值得大家关注。一种现象是儿童教育焦虑，另一种现象是童年成长危机。对这两种现象不同的理解和态度往往形成两种不同的教育主张，由此带来的思考是：我们究竟该坚信什么，质疑什么；我们究竟该坚守什么，反对什么。

先讨论儿童教育焦虑。有人将教育焦虑概括为三种：学习焦虑——立竿见影式教育带来"速成式"学习，结果是学习负担过多、学业负担过重与身心健康发展之间造成矛盾和冲突；规划焦虑——孩子成长要不要规划设计，能不能跳出规划设计，现实性与可能性之间产生了矛盾和冲突；比拼焦虑——别人家的孩子总比我们家的孩子读的书、上的培训班多，参加的比赛多，成绩好名次高，自家孩子与别人家孩子在比赛之间造成矛盾、冲突。这些焦虑首先是家长、教师的焦虑，逐步扩大为社会焦虑，当然也影响到学生，形成儿童焦虑。无论何种焦虑，总之是关于儿童成长的焦虑，成长焦虑必然影响完整儿童成长。

面对焦虑，渐渐地形成两种不同的教育观点和主张。一种主张是，为了完整儿童发展，要进一步解放儿童，真正解放儿童，让儿童快乐起来，自由起来，自然成长；让儿童站到课程、教学和管理的正中央，成为学习的主体、课堂的主人；从儿童出发，注重兴趣，培养爱好，发展特长。另一种主张则相反，教育不能让孩子快乐，有一位学者甚至说，凭什么让孩子快乐？当下的孩子过于快乐了。儿童站立中央，教师站到哪里去？兴趣、爱好、特长能真正解决儿童发展的问题吗？显然，这是另一种焦虑，是观念的焦虑。焦虑是客观存在的，教育观点、主张之间的冲突是很大的。

再讨论童年危机成长问题。所谓童年危机已不仅仅是因为以上儿童教育和儿童成长的焦虑，主要是童年的概念存在的危机。这一危机的提出，主要基于信息技术、互联网时代的到来冲击了传统的儿童概念，认为儿童应该有属于自己的文化，包括图书、服装、游戏等，而不应该分享属于成人的文化信息。但是，一个不可回避的问题和不争的事实是，电视、网络等新兴媒体的出现与普及，进入儿童的生活，并且进入了童年的传统特征，儿童已完全能够与成人分享那些成人要极力保守的秘密了。于是，"这就可能导致已经形成的儿童与成人之间的界限开始消退，最终使儿童与成人之间的差别模糊，传统的童年概念也随之消逝"。这就是 20 世纪 80 年代以来，美英学者的研究所聚焦的童年危机。这一关注，最后发出的是"'童年之死'的一声哀叹"[1]。

童年成长危机不只是西方学者提出来的，而且是真实、普遍的存在；儿童与成人之间的边界的确在打开，也开始有所模糊，但是"传统的童年概念随之消逝"了吗？这一判断值得商榷。"童年之死"真的发生了吗？对这一哀叹，需要质疑，更要深入讨论。

以上的儿童成长焦虑与童年危机，说到底是文化焦虑，也是理论焦虑，是对儿童研究、儿童教育的挑战。这些挑战需要我们厘清思路。而归结起来仍是一个新时期、新形势下如何真正认识儿童、对待儿童的问题，如何培养完整儿童的问题。这是个儿童观问题，涉及儿童立场的真正确立，也涉及如何对待长期以来研究、实践中所形成的成果，如何对待传统儿童概念及现代儿童、未来儿童等问题。

二 ┃ 儿童研究
与儿童教育中的坚信和坚守

任何研究都不是从零开始的，无特殊情况，研究也不会随意断线，而是有一个承继与发展的过程，儿童研究同样如此。往深处说，无论是传统的儿童，还

---

[1] [英] 艾伦·普劳特. 童年的未来——对儿童的跨学科研究 [M]. 华桦，译. 上海：上海社会科学院出版社，2014.

是现代儿童，以至未来儿童，他们首先是儿童，儿童就是儿童，真正的儿童应是完整儿童。时代的发展，社会的进步，新技术的出现，当然会改变儿童发展的内涵，也会改变儿童研究的方式，但是儿童的特质是不会改变的。与此相适应，长期以来所形成、积累的研究成果也不能一概否定，该坚信的要坚信不疑，该坚守的要坚定不移。儿童研究的历程告诉我们，所有的研究和实践，都应紧紧围绕培养和发展完整儿童而展开。

1. 坚信"儿童基质"的永远存活

我把儿童的特性称为"儿童基质"。"基质"是由美国科学哲学家库恩提出来的。他认为，"基质"是"由各种各样的有序元素组成"，而"范式"也是"基质"的组成部分。库恩还将"基质"称作"符号概括"。[1] 可见"基质"之重要。

"儿童基质"之一：儿童的"根茎"。儿童特质好似地下的根茎，儿童有自己的"根茎"。根茎是天生的，是大自然赋予的，是在千百万年的风雨中形成并强大起来的。根茎虽在大地之下，却充满着无限的生命活力，虽然它也会不断地分叉、繁殖，长出新的枝叶，结出新的果实，但根茎仍是根茎，"根性"永远不会改变。儿童有自己的"根茎"，它是儿童成长之根源、儿童未来之根底，丢弃"根茎"，童年就不复存在。呵护"根茎"便是尊重儿童发展的自然性，便是服从儿童身心发展规律。儿童的"根茎"究竟是什么？既是幼小而强大的身体力量，又是稚嫩而不断成熟的心理力量和精神力量，是儿童的儿童性。正因为"根茎"的永恒性，儿童从传统走来，走向未来；儿童特质不会退去，童年不会死去，儿童还是儿童。

"儿童基质"之二：儿童的天性。儿童的天性是儿童之为儿童的根据，是儿童特有的表情。儿童的天性，会让儿童用自己的眼睛看世界，用自己的方式表达

---

[1] [美] 托马斯·库恩 . 科学革命的结构 [M]. 金吾伦，胡新和，译 . 北京：北京大学出版社，2004.

世界。我们当然要对儿童加强价值观教育，但所有严肃教育都应建立在呵护儿童天性之上。儿童的天性，是好奇，是想象，是一个又一个没完没了、稀奇古怪的问题，是独特的认知方式和表达方式。天性在，儿童便在；让天性永远存活，就是让完整儿童永远存活，永远发展，永远创造。

"儿童基质"之三：童年的秘密。不少伟大的教育家讨论过、探寻过儿童的秘密，写过不少关于童年的秘密的书籍和文章。随着时代的变化、网络的开放，秘密逐步被公开化，童年的秘密还存在吗？回答是肯定的。虽然童年的秘密的内容、表达方式会发生变化，但秘密一定仍会深埋在儿童的心底，只是不告诉你而已。教育的智慧，就是呵护童年的秘密，发现童年的秘密，让童年的秘密转化为一种创造。有时也不必去发现童年的秘密，总有一天秘密会用创造告诉大家的。

"童年基质"还应再探讨，但至少这三个方面是肯定存在的，而且是永远鲜活的。这些"童年基质"是儿童以特殊的方式告诉我们的，是儿童研究的结果。我们要尊重、相信这些成果，坚信"童年基质"就是坚信儿童的特性，要坚信儿童身心发展规律的力量，坚信完整儿童培养的重要性。面对成长焦虑和童年危机的挑战，我们应当从容淡定，不要糊涂，不要怀疑，应当增强自信。而自信之源，当是完整儿童之"童年基质"的永恒性。

2. 坚守儿童教育的核心理念

上述所提及的凭什么让儿童快乐等观点，实在是对儿童发展现状、对教育现象的误读、误判，如不纠正，会误导儿童研究、误导儿童教育，最终误导儿童发展。我以为要准确解读和基本判断的有以下三个方面。

当下，对儿童的认识与发现远远没有到位。儿童是一座秘密宝库，我们只是开采了一部分。一个公认的事实是，儿童随着社会的发展而发展，呈现一些新特点，形成一些新特征，而对这些新特点、新特征，我们认识、发现得还很不够。此外，儿童世界的大门尽管向伙伴、闺蜜开放，但不一定向家长和教师开放。一位初中班主任曾说：他们（学生）在花季里，而我们在花季外；他们在门内，而我们在门外；于是，他们在故事里，我们在故事外。门外的人怎能知道门内的故事呢？不难理解，对儿童的认识与发现永远是个过程，儿童研究永远是从此岸渡向彼岸。

当下，儿童站在课程、课堂的中央远远没有到位。站立在正中央，是一个相当精彩而又深刻的比喻，其喻意是鲜明的，即让儿童成为教育、教学过程的主体。学生不仅是教育教学的对象，而且是发展需求的发出者，是教育教学活动的参与者，也完全可以成为创造者。站立在正中央，即要让他们成为主人。课程、课堂的正中央，不只是学生站立，也不是说学生站立了，其他人就无法站立，只要是学习者都应站立于中央。而当下，这一理念还没有真正实现。

当下，儿童的解放、自由、快乐远远没有到位。解放、自由、快乐是儿童应有的权利，不是别人赋予的，更不是别人施舍和恩赐的。作为一个成人尤其是作

为一个学者，你们凭什么自己要解放、自由、快乐，而不让儿童解放、自由、快乐呢？为什么对成人、儿童采取双重标准？这里暗含着另一个问题：对快乐、愉快的误读。快乐、愉快并不否认、排斥对勤奋、刻苦品质与精神的培养，快乐、愉快内在地包孕着勤奋、刻苦，以及其后所带来的快乐、愉快的体验。快乐、愉快与勤奋、快乐简单的二元对立思维的单一思维方式应当改变，让快乐、愉快的儿童基质永存。

以上几个"远远没有到位"不是杜撰的，而是客观存在的。倘若，我们只看到成长焦虑和童年危机，而看不到当下儿童学习、成长的另一面，即看不到儿童教育本身存在的问题，是不可能准确地把握儿童学习、成长的脉搏的，培养完整儿童必然是一句口号而已。其实，这些"远远没有到位"，既是成长焦虑的现状，更是成长焦虑的真正原因，这才是最大的童年危机。"远远没有到位"的相反表达，正是儿童教育的核心理念，我们必须坚守。

三 | 儿童研究
与儿童教育的反思和调整

对儿童研究、儿童教育形成的核心理念等应当坚信、坚守，同时面对发展中的新问题、新要求、新挑战，必须深入思考，积极应对。认真检讨、深刻反思才能让坚信、坚守站在一个新的高度，坚信、坚守才能更理性、更科学，儿童立场建构才能有更坚实的基础，有更明确的方向，儿童研究、儿童教育才能与时俱进。儿童研究不能单一，更不能狭隘，应将其置于时代的大格局中，应有大视野、新进展和新突破。

1. 对儿童发展所处环境的认识和研究

儿童处在一个不断变化、不断创新的环境中，和以往所处的环境已很不相同。在这样的环境中，儿童的所听所闻所想所做也随之发生变化。

一是儿童处在多重的生成中。以往，家庭教育、学校教育是儿童生成的主渠道，而今社会教育已进入儿童生成的框架中；以往，课程、教科书是儿童生成的主要载体，而今新媒体、新技术已成为自选的课程和教科书；以往，把课程、教科书当作一个大大的世界，而今偌大的世界已成为课程、教科书……多重生成，让儿童视野更开阔，心胸更开放，渠道、方式更多元。多重生成是好事，有利于完整儿童的发展。但多重生成中也会有陷阱和诱惑，可能会生成不健康、负面的东西。

二是儿童处在新技术的包围中。新技术让世界变平了，儿童可以用技术进入丰富多彩的世界。儿童对新技术有特别的感情和特别的使用、操作欲望，不仅喜欢，而且使用熟练。技术永远是双刃剑，有可能撕裂儿童发展的完整性。怎么让儿童认清、用好双刃剑，同样是个难题。其实，科学技术是双刃剑，不是其本身，真正的原因是使用者，对新技术使用应当有正确的价值引导，让儿童在使用新技术中形成价值澄清和选择的过程。

三是儿童处在价值多元的困惑中。多重的生成、多变的技术、多样的文化带来多元的价值。儿童正处在价值启蒙期，需要对他们进行价值澄清。犹如对待新技术，对儿童所面临的各种事物都要进行价值教育。所谓价值澄清，是帮助儿童对价值进行辨别、区分、选择。新环境、新背景是儿童研究的新依据、新资源。认识新环境，认识新环境中的儿童，促使儿童研究作出调整和改进。

2. 对儿童发展新特点的认识与研究

环境的变化，正在改变着儿童发展的特点。这些变化是悄悄的，却是鲜明的。

一是儿童对成人的依赖性降低。儿童发展需要成人的关心、帮助，需要成人提供必要的条件，包括物质的、心理的、思想的、精神的。儿童对成人的依赖是必需的、必然的，但随着儿童的发展，这样的依赖性会逐渐降低。当下的状况是，依赖性降低的年龄阶段提前了，所依赖的要求更趋向情感、精神层面，依赖的方式也更直截了当。当然，这也是好事。问题是，儿童开始与成人疏离，而与知心伙伴、网络及网络中的虚拟人亲近，儿童的真实情况，成人并不清楚，甚至根本不了解，教育的盲目性加大了。

二是儿童的异质性加大。儿童原本就是一个独特的存在，"我就是我"。但是长期以来，儿童概念偏狭为一个类的概念，注重的是一群儿童，忽略了儿童之间的个体差异。忽略差异性，必然忽略完整儿童的发展，因而教育难免缺少针对性，甚至产生盲目性。当下儿童个性越来越鲜明，差异性不断加大，儿童已成为异质性的群体。他们的需求不同，价值取向不同，发展方式不同，假若仍然是同一的内容和要求、同一的策略和方式，教育效果肯定是不理想的，很可能消弭了差异，遏制了个性发展。因此，因材施教应当成为儿童研究和儿童发展的重点。儿童研究应当越来越具体，儿童教育也应当越来越细致。

三是儿童发展的非连续性逐步成为研究重点。德国教育人类学家博尔诺夫提出了"非连续性"教育理论。他首先肯定了教育的连续性，正是由于连续性，儿童才能越来越完善。但他紧接着说，"仅此还不够全面，还需要作一些重要修正"，那就是还需要非连续性，而且"在人类生命过程中非连续性成分具有根本性意义"。所谓非连续性，主要指关注和正确处理那些阻碍和干扰教育的因素，那些"令人不愉快的偶然事件"。[1] 当下儿童发展中的非连续成分不断增加，在塑造、发展过程中，波折甚至中断现象也不断增加，因此儿童发展的不确定性也随之增加，对儿童的可能性应当有新的认识。"非连续性"教育理论更重视儿童发展中的非规划性、非功利性、非刻意性，促使儿童发展处在自然状态，从塑造性教育和设计中跳出来。我以为，这一理论应当进入儿童研究和儿童教育范畴。

---

[1] [德]O.F. 博尔诺夫 . 教育人类学 [M]. 李其龙，等，译，上海：华东师范大学出版社，1999.

3. 对有关理论视角的调整

一是关于儿童社会学研究视角的调整。以往讨论儿童社会化发展，无形中把儿童当作被动的对象，是一个儿童被社会化的过程。但是，儿童在社会化进程中，地位与功能已然发生变化，儿童是积极的、创造性的社会行动者，他们积极地生产了他们自己特别的儿童文化，同时也参与到成人社会的生产之中。这种参与包含三种集体行动："儿童对成人世界信息与知识的创造性使用，儿童对一系列同辈文化的生产和参与，儿童对成人文化再生产与发展的贡献。"[1] 这一理论视角的调整，让儿童社会化过程更积极，从被社会化者转向积极的参与者、创造者和贡献者，环境可以改变人，人也可以创造环境，这一理论观点在儿童发展中可以真正得到实现。于是，完整儿童的整体发展、深度发展，意义十分重大。

二是关于儿童世界理论视角的调整。长期以来，我们坚守了一个观点：儿童有自己的世界，儿童世界是独特的、自治的。但现实不断提醒我们，儿童世界的边界开始模糊，儿童世界之门逐步向成人世界打开，儿童总得融入成人世界。儿童世界的独立性、独特性、自治性当然是正确的，但我们的理论只关注、只研究这些特点，难免让儿童世界自我封闭，成为社会的积极参与者必然是一句空话，而且很可能让儿童不能在更广阔的社会情境里学习、探究、体验，妨碍儿童的视野和胸怀，影响儿童的成长。事实上，儿童世界的大门已向我们打开，儿童世界与成人世界的沟通、交流不断加强，我们必须主动地把成人世界的大门同时向儿童敞开，在互动中共同成长。当然，边界的模糊与打开，并不意味儿童世界的消逝，而是让儿童成为交界上的观察者、对话者、建构者。

三是关于儿童中心主义理论视角的调整。杜威是儿童中心主义的倡导者。他

---

[1] [美] 威廉·A·科萨罗 . 童年社会学 [M]. 程福财，等，译，上海：上海社会科学院出版社，2014.

强烈反对向儿童灌输盲目服从的意识，认为如果给儿童提供他们感兴趣的并和他们的生活经验相关的情境，儿童就能够独立地进行探索、实验和思考。但是，"杜威并不支持极端版本的儿童中心主义教育。他主张，教育是儿童的当前经验不断创造的过程，而这种改造则是通过成年人的经验来实现的，即通过那种组织成我们称之为学问的真理体系来实现的"[1]。强调以儿童为中心，不能排除教师的主导地位；强调以儿童的学习为核心，不能排除教师高水平的教；强调儿童的自主、合作、探究学习，不能排除教师必要的传授。同样的，儿童世界好比大森林，森林里既有天使，也有魔鬼。同样的，儿童需要解放，也需要规范；儿童需要自由，也需要规则；儿童需要快乐，也需要磨砺，需要批评。以儿童为中心，不能绝对化，不能极端化，平衡的儿童中心主义才能培养完整儿童。

以上这些理论观点的调整或匡正，目的只有一个：建立完整的儿童教育观，培养完整的儿童。

四 ｜ 儿童研究的几大走向

儿童研究视角的调整，将促进儿童研究呈现新走向，带来新命题。

1. 坚守儿童立场与国家核心价值观培育、践行的统一

儿童立场必须坚守，何况在实践中儿童立场还没有真正建立起来。儿童立场的建立必须与国家立场的建立、坚守相统一，与国家核心价值观的培育、践行相统一。教育要站在儿童立场上，引导儿童触摸国际核心价值观，让国家核心价值观成为儿童立场最根本的源泉和支撑，在儿童心灵深处埋下国家核心价值观的种子。

首先，儿童是有祖国的人。儿童是一个世界性概念，是全人类的宝贵财富和未来希望，我们为这个世界留下什么样的儿童，世界就有什么样的明天，儿童的

---

[1] [美] 帕梅拉·博洛廷·约瑟夫. 课程文化 [M]. 余强，译. 杭州：浙江教育出版社，2008.

明天性即是世界的未来性。儿童是有祖国的人，他们生于斯，长于斯，是祖国的土地哺育了他们，是祖国的江河湖海滋养了他们，祖国早就在他们心灵深处烙上了国家的印记，国家的核心价值观早就沉淀在他们的心理结构之中。从核心价值观的角度看，儿童立场折射的正是他们所属祖国的核心价值观，国家核心价值观应附着在儿童立场中，照耀儿童立场，引领儿童立场。

其次，儿童是有民族文化之根之魂的人。儿童在民族文化土壤里萌芽、生长，将会长成一棵大树。树的根深深地在文化土壤里蔓延、伸张，吮吸着民族文化的琼浆。尤其是中国儿童，五千多年的中华文化让他们有了民族的根与魂，在多元文化的激荡中站稳自己的脚跟。绵延不绝的万里长城是他们的民族脊梁，滚滚向前的黄河长江是他们的文化血脉；唐诗、宋词、元曲、明清小说铸就了他们的民族情感与智慧，汉字、母语锻造了他们的国家记忆；春节的鞭炮、端午的粽子、中秋的月亮饱含他们的家国情怀……中华民族文化已成了当代儿童的文化基因，孕育着中华民族的精神，培育着社会主义核心价值观。中国儿童正是站立在中华文化的基石上瞭望未来，中国儿童立场是用中华文化核心价值观铸造而成的。

最后，个人与社会、国家的价值取向一致。学生发展核心素养，主要是指学生应具备的，能够适应终身发展和社会发展需要的必备品格和关键能力。这一界定，把学生终身发展的价值需求和社会发展的价值需求统一在一起。价值的统一很重要，如果只关注、满足社会发展需求的价值需求和去向，那么学生的终身发展和个性发展势必受到影响；反之，如果只关注、满足学生终身发展的价值需求和取向，那么学生就很有可能成为"精致的利己主义者"，而社会发展、国家发展的价值观就可能被边缘化，乃至空无化。个人与社会、国家的价值取向应当是统一的、一致的，是相互融通、相互支撑的。这样的互动关系本身就是一种价值认同和价值取向。自觉地将国家核心价值观的培育、践行作为儿童立场研究的题中应有之义、应有之大义、应有之魂，我们应将这个问题作为重大课题来研究，让社会主义核心价值观、伟大的中国梦在儿童立场的上空照耀，让儿童之光与国家核心价值观之光相互映照。

2. 从儿童研究走向与儿童一起研究

儿童研究为了儿童。儿童研究不能没有儿童，不能没有完整儿童。儿童研究的理论视角需要调整，研究的对象和主体、研究的内涵和方式也应拓展，那就是从儿童研究走向与儿童一起研究。

第一，与儿童一起研究的价值和意义追寻。儿童就是"哲学家"，从小就有哲学的思考和探究的愿望，并渴望有人和他一起讨论和研究。与儿童一起研究首先是因为儿童有内在的要求，也有研究的能力，但需要成人的陪伴和帮助。儿童研究应当顺应儿童的要求，与他一起研究、共同讨论，不仅是帮助儿童成长，也在促进自己发展。与儿童一起研究的本质，是成人、研究者与儿童建构起研究共同体，儿童与成人共同发展。这样的研究更注重从发现问题开始，到研究并解决问题结束，然后又开始下一轮研究，周而复始。与儿童一起研究，所发现、研究的问题是真问题，是原生态的问题，因而是真研究，因为一切都来自儿童本身。

从研究方式看，与儿童一起研究，是在儿童发展的"第一现场"、在问题和知识真正发生的情境中的研究，具有田野研究的性质和特点。这样的研究，更贴近实际，更贴近儿童，更注重实战，诞生的是扎根性理论。这样的研究实现的愿望和理念是：学校、教室是儿童研究所、实验室。与儿童一起研究，是儿童研究的新进展、新突破，促使儿童进入新阶段，臻于新境界，儿童发展也呈现新状态。

第二，与儿童一起研究的内涵与类型框架的思考。与儿童一起研究，基本内涵是：儿童与成人都是研究的主体，都是研究者，不分主次；研究的过程是协商、对话、合作的过程，没有权威；研究的结果是分享、共生、共长的过程，儿童是重要的著作者。就研究内容看，以研究儿童发展的问题为主体，而儿童发展问题几乎与整个生活的内涵、外延相等，是研究儿童的整个世界。研究内容离不开学校、教师、同学，离不开课程、学习、课外活动，离不开家庭、家长，这是必然也是必需的，但又不能局限于这些方面。在这些方面背后的是，与儿童一起去关注历史、现在、未来，关注国家、世界、人类，关注科技、经济、军事。研究内容有极大的开放度，不应局限，更不应限制。有一向度贯穿始终：对儿童进行研究，对"儿童研究"的研究，对"与儿童一起研究"的研究，儿童生活与儿童发展是其核心与宗旨。

由此，可以建构以下研究类型：与儿童共同研究，指导儿童进行研究，伴随儿童研究，对"儿童研究"的研究。与儿童共同研究，即不分彼此，教师以共同体成员的身份参与；指导儿童进行研究，即教师指导下的儿童独立研究；伴随儿童研究，即以儿童独立研究为主，教师是以观察者、协助者身份出现在儿童身旁；对"儿童研究"的研究，即与儿童一起，对儿童研究的态度、方法、能力进行研究，对所研究的话题、过程、结论进行回顾、反思和改进。无论哪种研究类型，成人、研究者都应发挥指导作用，而指导更多地体现为对儿童的提醒、点拨、建议、暗示等。

第三，与儿童一起研究，关键是良好生态的建构。与儿童一起研究，能不能展开，能不能有效果，能不能让儿童更乐意更努力地参与，关键是教师、成人的理念、态度。有什么样的理念就有什么样的研究架构，有什么样的态度就有什么样的研究形态。与儿童一起研究，最重要的成功不是得出什么样的结论、出了什么样的物化成果，而是建构了什么样的师生关系、建构了什么样的研究生态，什么样的研究生态其实就是什么样的教育生态。

3. 从教学研究走向"教学即儿童研究"

教学改革必须进行儿童研究，儿童研究应是教学改革、教学研究的前提。

"教学即儿童研究"的基本内涵是：教学的过程就是儿童研究的过程，将儿童研究落实在教学过程中，成为教学实践、教学研究的第一任务。这一研究走向呈现了以下特点。一是在先性。让儿童走在教学研究的前头，为教学研究提供基本概念和基本规律。在先性的目的，是让儿童站立在课堂、教学的核心位置。二是互动性。儿童研究与教学研究在相互关联中互动起来，相互渗透、相互促进，共同提高。三是生成性。儿童研究只有在教学改革和研究中得以落实、体现和提高，而教学改革则在儿童研究中走向教学的核心，走向深度，让教学改革走在科学规律之路上，教学改革过程真正成为研究的过程，生成了新理念、新方法，教师成为研究者、创造者。

"教学即儿童研究"并不是零起点，而是经历过两个阶段：依凭教学经验，设置教学目标时考虑学生的实际情况；课改中，进行教学设计时专门有学情分析。这都是对的，但远远不够，严格来说还不是真正意义上的教学即儿童研究，我们应进入第三个阶段——教学即儿童研究的真正实现。第三个阶段的研究，需要形成一套较为完整、具体的操作体系，包括策略、方法、途径，也包括现代技术所提供的平台和工具。操作体系可以支撑起教学即儿童研究，可以撬动儿童的学习，但关键还是教师成为儿童研究者，只有真正地研究儿童，真正地与儿童一起研究，才能真正了解儿童、发现儿童，并从儿童中汲取智慧。也许，教室里只有"教师的儿童""儿童的教师"才能建构起完整意义上的儿童立场，教学即儿童研究这一研究走向最终成为我们的实践，成为我们的教学模式、育人模式。

第一辑

教育的大智慧
是认识和发现儿童

教育的大智慧正是认识儿童，发现儿童，促进儿童发展；教育的愚蠢与错误也正是因为"儿童缺场"，对儿童的漠视和误读。

　　我的认知判断是：认识发现儿童与教育、与教师是同一语。教育就是要从儿童的表情中寻找自己的表情——教育的精神品格、价值理想和永远的儿童意义，以及教育的完整和完整的教育。

教育的大智慧

教育需要智慧。其实，教育就应是一种大智慧。

教育的大智慧是什么？苏格拉底认为，智慧的本质是"认识你自己"。卢梭说："我觉得人类的各种知识中最有用而又最不完备的，就是关于'人'的知识。"相对于其他社会实践和其他学科领域而言，对于人的"知识"教育学中更多的是"最为有用的"。然而，事实是，关于人的"知识"又是最不完备、最为薄弱的。教育离开了对人的认识、对人的理解，还有什么智慧可言？还能称其为教育吗？

往具体方面讲，基础教育最为重要的是对儿童的认识和发现，否则就会像卢森堡所批评的那样："一个匆忙赶往伟大事业的人没心没肺地撞倒一个孩子是一件罪行。"一个连孩子都要伤害的人根本就不是一个革命者。值得注意的是，教师在赶往伟大的教育事业的路上，也常常撞倒孩子，不管你是有心还是无意，也不管你承认还是否认。这是为什么？根本原因就是我们不知道儿童在哪里，儿童是谁。教育的大智慧正是认识儿童，发现儿童，促进儿童发展；教育的愚蠢与错误也正是因为"儿童缺场"，对儿童的漠视和误读。

恰恰是在这一根本性问题上，陶行知先生为我们作了最智慧的指点，用最简单又最准确的话为我们解开了"儿童之谜"，并点击了教育的真谛，指明了认识儿童、发现儿童、发展儿童之路。陶行知是大智者。

陶行知的儿童观至今都是科学的、先进的，一如既往地提升我们的教育理念。按照陶行知的儿童观去学习和实践，我们可以寻找到教育的大智慧，也可以成为教育的大智者。

一 ｜ 儿童是活的：
回到原来的意义和本质处去认识和发现

儿童当然是活的，但在错误的教育中，儿童往往是"死"的——被扼杀的。陶行知只用一个"活"字就点出了儿童的本质。一个"活"字，揭示了儿童具有强大的生命成长的力量，这种生命力正是儿童所潜藏着的巨大创造力。为此，"我们就要顺着他这种天然的特性，加以相当的辅助和引导，使他一天进步似一天"。更为重要的是，"活"的儿童并不小："人人都说小孩小，谁知人小心不小，你若小看小孩子，便比小孩还要小！"四句平白如话的歌谣就让我们真正认识、发现了儿童，颠覆了我们长期以来顽固存在的陈旧的传统观念。

"活"是陶行知儿童观的灵魂。陶行知的儿童观就是关于"活的儿童"的教育观。他启发我们从多方面去认识和发现儿童的"活"。

一是"活"到儿童原初的意义上去。在拉丁文中，儿童意味着自由者。自由是人存在的本质，更是儿童存在和发展的根本，不给儿童自由，儿童便失去自由，失去其存在的本质。自由是人创造的保姆，更是儿童新火花的点燃剂，自由在哪里消逝，儿童的创造之火就将在哪里熄灭。二是"活"到儿童的天性上去。苏霍姆林斯基说："从天性上说，儿童就是探索者。"好奇探究是儿童的天性。蒙台梭利也说，"儿童是上帝派来的密探"。儿童负有"上帝"的使命，完不成使命，"上帝"将拒绝他的回来——剥夺儿童探究的天性，就是害了儿童。三是回到儿童的活动方式上去。游戏是儿童的活动方式，也是儿童的学习方式。儿童在游戏中将现实与超越、真实与想象联结起来，将规则与创造、个体与伙伴统一在一起。这样的学习、活动方式是快乐、开放、有效的。儿童是自由者、探索者、游戏者，因而他们应当是幸福的。但要得到幸福，陶行知认为重要的是让儿童得到四种东西：团体娱乐之玩具、进修学问之学具、日常生活之用具、手脑双挥之工具。

　　除此以外，陶行知认为"活儿童"最重要的是"心不小"。"心不小"正是对哲学上"可能性"这一命题深入浅出的解释。可能性是人的伟大之处，更是儿童的伟大之处。"可能性"可以揭示为"还没有""将会是"。"还没有"，就是还没有成熟，还没有确定，还未完成。正因如此，儿童显得幼稚，但是在这一幼稚中潜藏着无限大的创造力。"将会是"，指向的是儿童的未来，教育的使命在于发现儿童未来发展的最大可能和最好可能，若此就能实现从现实性向未来可能性的超越。从儿童的"小"中发现"不小"，用"不小"来认识、发现现在的"小"，引领现在的"小"。如果说小孩子的"小"是教育的现实依据，是教育的出发点，那么小孩子的"心不小"则是教育的着眼点，也应是教育的着力点。现在的问题就是我们只从"小孩子"的"小"出发，而忽略了"心不小"，即可能性。陶行知早就为我们指出了向往的症结之所在。他的儿童观是当下教育的行动指向，而且是永远的行动指向。

二 │ 解放儿童：
　　教育的真谛和成功的密码

　　儿童的可能性在前头召唤着我们，但教育的脚总是不能勇敢地迈开，畏惧不前，有时甚至还会向后面退去。这样的教育捆绑了儿童的手脚，更禁锢了儿童最为活跃的心。陶行知不仅揭示了问题，而且剖析了产生问题的根源。他说："我们对于儿童有两种极端的心理，都于儿童有害。一是忽视；二是期望太切。忽视则任其像茅草样自生自灭，期望太切不免揠苗助长，反而促其夭折。"陶行知的话切中了时弊。当下的教育最为极端的心理是期望太切以致揠苗助长，甚至要表现的是：儿童过于忙碌。

美国的戴维·埃尔金德博士说："如今的孩子们被迫而毫无准备地成了压力的牺牲品，这压力的来源，既有瞬息万变、令人目不暇接的社会变革，又有成人对孩子们越来越高的期望，它们来势汹汹，难以阻挡。"他还说："儿童的忙碌主要有两种：日历忙碌和钟表忙碌。所谓日历忙碌，是成人们（包括教师们）总希望日历上的纸快速度地撕下，未来的日子早点来到眼前，于是学习要求超过了儿童现有的能力，过早地消耗了儿童的能量；所谓钟表忙碌，是成人们希望儿童在有限的时间做更多的，甚至是无限的事。于是成人们霸占了儿童的时间，剥夺了儿童游戏的、健体的，甚至是生存的权利。这样，儿童在忙碌中造成了童年恐慌，最终童年消逝。"

陶行知给出了解决问题的秘方：解放儿童。他坚定而鲜明地说："在现状下，尤需进行六大解放，把学习的基本自由还给学生。"这六大解放就是：解放儿童的头脑、双手、眼睛、嘴、空间、时间。陶行知把解放的价值指向儿童的自由。如前所述，自由是儿童存在的本质，是儿童的天性，是儿童创造的必要前提。只有解放儿童，儿童才会有"基本自由"，才会快乐，才会主动发展，才会学习创造。因此，解放儿童既是教育的真谛，又是教育成功的密码。陶行知早就把这一金色的钥匙交给了我们，这是他在理论和实践上的重大贡献，是留给我们的最宝贵的遗产。

怎样才能真正解放儿童，当下的难题是如何正确处理儿童的规范问题。儿童是需要规范的。陶行知说："儿童不但有错误，而且常常有着许多错误。由于儿童年龄上的限制，缺乏经验，因而本身便包含着错误的可能性……因此教育者的任务除了积极发扬每个儿童固有的优点外，正是要根据事实，承认他们的错误，从而改正他们的错误。"童年永远是个深刻的话题，面对儿童，教育从来都不应放弃规范，放弃严格。但是，目前的主要问题不在于是否放弃规范，而是对儿童的规范不科学，那就是对儿童的规范过早、过多、过高、过急，因而规范成了束缚儿童的绳索，消蚀了儿童异想天开的天性和创新的欲望。这一向往的背后是陶行知所针砭的"期望太切"和"揠苗助长"。解决问题的最终，应当是以家长的解放来解放儿童，回到爱的教育的真义与真谛。教育必须紧紧握住陶行知教给我们的密码，去解放儿童，创造儿童的美好未来。

三　重新做一个小孩：
教师在认识、发现儿童中成为一个大智者

教育实践中，我们常常有这样深切的体会：一旦想起自己当学生的时候，就会唤起小孩子对好教师的想象。那时，我们也会这么去设想，如果我是教师，我就会……而绝不会……所以，教师不应当忘掉自己童年的体验，而应当回到自己的童年时代，这样就会改进如今的教育行为。其实，陶行知早就说了："我们要知道儿童的能力需要，必须走进小孩的队伍里去体验而后才能为小孩除苦造福。"接着，他更深入地说："我们必须重生为小孩，不失其赤子之心。"

当然，这是陶行知的假设："假使我重新做一个小孩"，是一个长大的儿童，亦是蒙台梭利说的"作为教师的儿童"。"长大的儿童""作为教师的儿童"，是一

种隐喻，其实质是：教师应当有童心。童心是赤子之心，是圣洁之心。怀着童心去教育儿童的心灵，了解他们，理解他们，然后才能教育他们，用陶行知的话来说就是"才能为儿童谋福利"。

童心是超越年龄的。教师的智慧就在于：人总是要长大的，但是教师的眼睛不能长大——永远有一双儿童的眼睛，保留喜欢观察、发现的习惯和目光的敏锐；人总是要变老的，但是教师的心不能变老——永远有一颗童心，好奇、探究、想象，同时善良，同情人，帮助人。陶行知还对"重新做一个小孩"提出了要求："实行三到：眼到，心到，手到。"这"三到"，说到底是要到儿童的心里去。假如我们过去说儿童是"小大人"是错误的儿童观，那么今天我们说教师是"小孩子"则应当是正确的教师观。

重新做一个小孩，要有一颗童心，其关键是教师应当有爱心。爱是人存在的理由，可以推动日月星辰；爱也应当是教育存在的理由，可以推动教育。我不敢说，爱就是教育，但我敢说爱是教育的力量，是教育的前提，而且事实是有一种教育就叫"爱的教育"。儿童教育家斯霞正是一个把爱心与童心统一在一起的典范。爱心催生了童心，童心催生着创造，创造着真正的儿童，创造着最好的教育。在爱心与童心里，教育的智慧之花绽放，教师就会生长起智慧，成为大智者。

儿童研究是大学问、真学问

　　童心教育是小学教育乃至整个基础教育的一个重大使命，也是小学教育乃至整个基础教育的成功密码。

　　小学教育之所以伟大，基础教育之所以伟大，就在于童心的闪烁。首都师范大学附属小学（以下简称"首师大附小"）把教育的聚焦点放在童心教育上，无疑是一个非常智慧的选择，也是一个战略的选择。童心教育的背后，应该是对教师、教师的成长及教师专业发展的一个极大挑战。挑战在哪里？那就是让教师对教师专业发展有一种超越的视野。

　　说到教师专业，人们总是首先想到学科的专业，比如语文教师的专业是语文，是语文教育；数学教师的专业是数学，是数学教育；等等。但是童心教育告诉我们，学科固然是我们不可离开的重要专业，但是如果只是局限在学科教育上，对于我们完整地、更有深度地理解童心教育可能是有困难的。

　　为此，教师专业发展应该基于学科专业，又要超越学科专业。在我看来，童心教育提出了一个重要的命题，就是"教师的第一专业"。

一　| 为什么说
　　| 教师的第一专业是儿童研究

第一专业这个概念来自我对第一哲学的思考。古希腊哲学家亚里士多德提出了"第一哲学"的概念。他认为，在许多哲学中，是不是有一门哲学是其他哲学的前提？第一哲学要为其他哲学提供两个重要的东西，一是基本概念，二是基本规律。因此，亚里士多德提出"第一哲学"有一个重要的特点——在先性，它应该走在其他具体哲学的前面，因为它是前提，要为其他哲学提供基本概念和基本规律。

概念是可以迁移的，如果我们把第一哲学的概念迁移到教师的专业发展中来，是不是意味着在教师专业发展中也有一个第一专业呢？这个第一专业是不是其他专业的前提？这个第一专业是不是也要为其他专业发展提供基本概念和基本规律？这个第一专业是不是一定要走在其他专业的前面？当然应该是的。

那么，如果说我们有第一专业，它叫什么？教师的第一专业应该是四个字——儿童研究。儿童研究应该成为小学教师乃至整个基础教育阶段教师的第一专业。有了这个第一专业，才能做到"为童年设计"。这其中至少有以下三个方面的原因。

1. 儿童研究是大学问、真学问、深学问，也是最难做的学问

写过《爱弥儿》的法国教育家卢梭曾经说过这么一段话：世界上有一门学问是最重要的，但是这门学问最不完备。这门最重要却又最不完备的学问是什么？是关于人的学问。

是的，人永远是一个谜；人生的意义，永远无法去理解；对人的认识，永远

是个过程。假如我们把卢梭的这段话作一个适当的改造：在教育世界中有没有一门学问最重要，而这门学问又是最不完备的呢？当然有。在教育世界中，最重要却又最不完备的学问，应该是关于儿童的学问。

我们对儿童很熟悉，因为我们曾经是儿童，曾经有过自己的童年生活。但是成年人，包括老师，常常忘掉自己的儿童生活，常常忘掉自己是从儿童走过来的。我们似乎对儿童很熟悉，其实又非常陌生，姑且把这个叫作熟悉的陌生，或者陌生的熟悉。我们对一部分儿童看起来很熟悉，但是对另外一部分儿童又很陌生；我们有时对他们很熟悉，有时对他们又很陌生——这就是熟悉的陌生，陌生的熟悉。

儿童世界是另外一个世界，它和成人世界是不同的。我曾经看过一个非常有趣的故事，故事的题目叫作《鲜奶油蛋糕》。妈妈从外面买来一个很大的鲜奶油蛋糕，对两个孩子说，这个蛋糕是今天招待你们两个姑妈的，你们不能随便动，于是就把蛋糕放到冰箱里去了。妈妈出门了，姐姐对弟弟说，蛋糕放在冰箱里会不会变坏呢？如果让我们亲爱的姑妈吃变坏的蛋糕那是不应该的。到底有没有变坏，我们只能自己尝一尝，于是姐姐和弟弟从冰箱里把蛋糕拿了出来。姐姐对弟弟说，"你吃那一边，我吃这一边"。吃了以后发现蛋糕非常鲜，并没有变坏。姐姐又对弟弟说，"这两边蛋糕没有变坏，没有毒，那么另外两边呢？我们再吃一吃"。于是姐姐吃那一边，弟弟吃这一边，这两边蛋糕同样没有变坏，没有毒。姐姐又对弟弟说，"四边的蛋糕没有变坏，那么中间的蛋糕有没有变坏呢？让姑妈吃中间有毒的蛋糕也是不行"。于是他们又把中间的蛋糕吃了一下，结果中间的蛋糕也没有变坏。妈妈从外边回来了，一看鲜奶油蛋糕变得一塌糊涂，她没有做什么，没有说什么，没有打他们，也没有责备他们，只是说了一句，"你们两个小馋鬼"，又到街上另外买了一个蛋糕。过了一会儿，姐姐和弟弟的肚子都疼了起来，拉肚子了。于是，姐姐对弟弟说，弟弟也对姐姐说，"你看蛋糕还是有毒的，幸好我们吃了"。

蛋糕有没有毒？蛋糕没有毒。小朋友们都知道蛋糕没有毒，但是他们很想吃蛋糕。很想吃蛋糕应该有一个非常伟大的理由，这个伟大的理由就是爱姑妈。这是儿童的一种智慧的方式，背后是他们独特的思维方式。

看起来我们大人对儿童的一切好像是了解的，其实并不是真正了解。儿童的学问真的是一门大学问，一门真学问，一门深学问，一门最难做的学问。如果这门学问做不好，这门最重要却又最不完备的学问做不好，我们怎么能够教育我们的儿童呢？

如此说来，对儿童的认识，对儿童的发现，引领儿童的发展，真的是我们的第一专业。研究儿童，就是为了重新认识儿童，重新发现儿童，引领儿童的发展。我坚定地认为：儿童研究，应该是教师的第一专业。

2. 教学即儿童研究

我们把儿童研究作为最重要的第一专业，是因为从世界范围来看，现在的课程改革、教学改革呈现出一个新的走向，就是教学即儿童研究。过去我们也提到研究儿童，但主要存在两个问题。一是过去我们提出要研究学情，往往只放在对儿童已有的知识、经验进行理解和巩固的程度上，这依然属于知识层面和经验层面，并不是一个完整的对儿童的研究过程。二是过去我们研究儿童、研究学情，并不是目的，只是手段、工具和途径，是为学科教学服务的，还没有成为教学过程的一个重要目标，所以儿童研究在以往的教学改革过程中没有取得其应有的重要位置。

教学即儿童研究，不应把教学和儿童研究当作两回事，而应当作一回事。儿童研究和教学研究不是"两张皮"，而是融为一体的，几乎是同步进行的，而且在同步进行的过程中，儿童研究往往要走在教学研究的前头。

教学即儿童研究是美国当代著名教学论专家、哈佛大学教授爱莉诺·达克沃斯提出来的。达克沃斯是著名的心理学家皮亚杰的得意弟子之一。她既继承了老师的儿童发展心理学的理论，又进行了发展和迁移。她把皮亚杰儿童发展心理学的成果运用到教学研究中来完善教学论，并且提出了教学即儿童研究。所以，儿童研究始终伴随着我们课程改革的整个过程，始终伴随着、渗透着、引领着教学改革。

我们要深入进行教学改革，推动课堂深度改革，就必须在儿童研究上下足功夫，把这门大学问、真学问、深学问、难学问做好。童心教育之所以取得成功，和它对儿童研究，对首都师大附小教师无形中提出"儿童研究是他们的第一专业"应该是有关系的。

3. 儿童研究是我们的第一专业

现实告诉我们，凡是儿童研究成功的，学校的发展才是深度的，教学的改革也常常是成功的。首师大附小为什么提出童心教育，值得我们深入地思考。

首师大附小有一个非常年轻的教师，他是体育教师，毕业只有一年，到学校工作也只有一年的时间。请注意，他是年轻教师，他是体育老师。我问他，学校提出童心教育的内容是什么？童心教育是怎么落实在课程上的？这位体育教师对我说，我们提出了三句话：第一句，关爱成自然；第二句，求索成习惯；第三句，童心伴每天。

我问，你们为什么提出这几句话？这位年轻教师说，童心教育首先是要爱我们的儿童。我们爱儿童是从心底里发出来的，因此我们对学生的爱是非常自然的，不做作，不作秀。其次，我们对儿童的爱表现在大胆地让儿童自己去学习，自己去探索。而这个探索，已经成了习惯。让儿童自己去探索发现，这是对儿童最大的爱，最根本的爱，最深度的爱。做到这两点，童心当然伴随着每天，伴随着儿童的每天，也伴随着每一个教师的每天。

我又问他，童心教育要通过课程这个载体来落实，那么你们的课程改革是怎么做的？这位教师说，我们提出了三类课程：第一类叫完美生活者课程，第二类叫终身学习者课程，第三类叫快乐游戏者课程。

完美生活者课程，主要指的是国家所规定的课程。这类课程对儿童现在生活的丰富，对其童年生活的幸福和未来的发展，都是非常重要的。

至于什么是终身学习者课程？他就以其所教的体育学科为例说明。他说，"我是教篮球的，所以我就让我的学生从小学会打篮球，打篮球对他们身体素质的发展和整体素养的提高都是至关重要的，是终生有用的。所以，终身学习者课程主要指的是校本课程"。

快乐游戏者课程，更强调以儿童游戏的方式来开展课程。因为你要做到童心，首先是要率真。

从以上教师的回答中可以看出，首师大附小的童心教育课程改革，不仅是一个理念，而且已经成为教师的一种共同认知。当一种课程、一种理念成为大家的共同认知时，当这个理念或者口号成为大家的共同行动时，它就成了一种文化。

首师大附小童心教育的成功经验告诉我们，教师进行课程改革、教学改革，要架构起自己的第一专业，而这个第一专业就是儿童研究。

二 │ 如何进行儿童研究

明确了"教师的第一专业是儿童研究"，那么儿童研究的主题是什么？我把儿童研究的主题用三个短语 12 个字来表达，即认识儿童、发现儿童、引领儿童。这既是儿童研究的主题，也应该是教师第一专业的重要主题。

认识儿童，即要不断地认识儿童，重新认识儿童；发现儿童，即要不断地发现儿童，重新发现儿童。没有重新认识儿童和发现儿童为基础，最终无法达到引领儿童发展。我们要回到儿童中去认识真正的儿童，发现真正的儿童。

回到儿童去，应该回到儿童的什么地方去？我认为有以下四点。

1. 回到儿童原来的意义上去

儿童原来是没有自己的名字的，被成人的名字所代替，被小大人的名字所代替。儿童的概念，被吞没在无边无际的成人世界的海洋里，被湮没了，被吞噬了。我们提出儿童，是社会的一个伟大进步。

在拉丁文中，"儿童"意味着自由者。儿童本来的名字就是自由，他是自由者。自由应该是儿童存在的本质，儿童只有自由才会去创造。

自由是儿童存在的本质。还儿童自由，是让儿童成为真正的儿童。剥夺儿童的自由，不仅是剥夺了儿童的权利——发展的权利，更为重要的是，剥夺了儿童的本质。

自由是创造的保姆。对儿童创造的最大呵护应该是自由。人的创造性思维、创新性思维是需要自由的氛围的，但是我们的儿童被沉重的课业负担压得非常紧张。儿童需要过紧张的智力生活，但是在紧张的智力生活中，儿童应该获得一种解放的感觉，应该有自由的感觉。

回到儿童原来的意义上去，就是回到"儿童是自由者"这个定义上去，让儿童永远成为一个自由者。同时，回到儿童原来的意义上去，还有另外一层意义，即让儿童成为"探索者"。苏霍姆林斯基说："儿童在天性上说，他就是一个探索者。"著名儿童教育家蒙台梭利也说过："儿童是上帝派来的密探。是上帝把儿童派到我们成人世界里来，看看成人世界是什么样子，一看非常糟糕，成人世界那么复杂，充满着功名利禄、好斗、喧嚣。"于是印度伟大诗人、诺贝尔文学奖得主泰戈尔写了一首诗："孩子们，到他们中间去吧！带着你们的纯洁，带着你们的生命。你来到他们中间，他们就立即安静下来了，停止了争斗，停止了喧嚣。"

从这个意义上说，儿童就是一个探究者，儿童是可以拯救成人世界的；儿童应该是"成人之父"，尤其是在现在这个后育文化时代（所谓后育文化时代，就是成人也要向小辈学习，教师也要向学生学习）。

回到儿童去，就是回到儿童原来的意义上去，让儿童永远成为最优秀的自由者，成为最优秀的探索者，让探索、求索成为他们的习惯。

2. 回到儿童最伟大之处去

哲学上有一个重要的命题"人都有最伟大之处"。当然儿童也有自己的最伟大之处。儿童的最伟大之处是三个字：可能性。可能性是人的最伟大之处，更是儿童的最伟大之处。

回到儿童去，就是要确认、承认、坚信儿童就是一种可能性，陶行知先生用诗歌来表达他的这个理念。他说："人人都说小孩小，谁知人小心不小。你若小看小孩子，便比小孩还要小。"为什么大人比小孩还要小？因为小孩的心不小。心不小就是有梦想，有理想，有最伟大的可能性，是可能性让儿童有时候比成人更伟大。

加拿大著名教育现象学家马克斯·范梅南在《教育机智》中指出：面对儿童就是面对一种可能性。所以童心教育理念下的教师，走进课堂看到学生的第一反应就是，他们不叫张三，不叫李四，也可能不叫儿童，就叫可能性。

可能性就是生命巨大的创造性，可能性往往是未来性，所以发现儿童的可能性，就是让儿童的未来性得到进一步的认识和发现。

当然，儿童的可能性有两种倾向，它既可能向积极、光明的方向发展，也可能向反面、消极的方向发展。所以，对待儿童的可能性，要把握好这两个不同方向。

3. 回到儿童完整的生活中去

有学者认为，儿童生活在三个世界里：第一，儿童生活在一个现实的世界里；第二，儿童生活在一个理想的世界里；第三，儿童生活在一个虚拟化的世界里。

儿童生活在一个现实的世界里。现实的世界是由读书、学习、考试、作业、负担所编织而成的现实的生活。这个现实的生活，它的趋向就是分数，就是考试，就是上大学，上最好的大学。

儿童生活在一个理想的世界里。儿童是最有理想、最有梦想的。遗憾的是，他们一部分人的理想和梦想，常常被别人所绑架。当儿童没有理想、没有梦想的时候，他就失去了可能性。因为可能性往往存活在理想、梦想之中，也存活在时间之中，让儿童实现可能性，就是让他有理想、有梦想、有时间，让他去实现。

儿童生活在一个虚拟化的世界里。虚拟化的世界，能够让儿童在最短的时间里，获得最丰富的信息，但是虚拟化的世界里到处充满着诱惑和陷阱。

在这三个世界里，儿童的生活方式是不同的。可是我们只看到了儿童的现实的世界，而忽略了其理想的世界，更不关注虚拟化的世界。更为重要的是，这三个世界中的价值取向是不一样的，于是儿童在这三个世界里便会产生价值困惑，这就需要我们来引领儿童发展。

回到儿童完整的生活中去，就是让儿童真正地生活，健康地生活，就是引领儿童在生活中去认知、澄清、选择、判断，这是童心教育最深刻的地方。而认知、判断、选择的过程也是一个价值观澄清的过程，童心教育要不断地帮助儿童，和儿童一起澄清价值观。

4. 回到儿童的生活方式和游戏方式上去

儿童原来还有一个名字，叫"游戏者"。席勒说："只有当人充分是人的时候，他才游戏；只有当人游戏的时候，他才是真正的人。"儿童更是如此。儿童有他自己游戏的方式，当他游戏的时候，才真正成为人，成为儿童。尊重发展儿童的游戏方式，让儿童成为快乐的游戏者，他才是真正的儿童。

我曾经读过一首诗，诗的题目是《放风筝的孩子，你到哪里去了？》。我记得诗是这么写的：放风筝的孩子，你到哪里去了？／你到哪里去了，放风筝的孩子？／放风筝的孩子就是捉萤火虫的孩子，放风筝的孩子就是粘知了的孩子，放风筝的孩子还是堆雪人的孩子。／天还是那么蓝，蓝得那么旷远，蓝得那么勾魂，蓝得那么像大海。／可是放风筝的孩子，你到哪里去了？／难道你像萤火虫一样被人捉去了吗？／难道你像知了一样，被人使计粘去了吗？／难道你像雪人一样，在阳光下融化了吗？／难道你像一只风筝，挂在电线上被风撕碎，跌落到天边地角，化作尘泥了吗？／天还是那么蓝，可是放风筝的孩子，你到哪里去了？／还有那些小伙伴们，你们到哪里去了？

是的，放风筝的孩子不见了。儿童传统的游戏方式不见了，儿童的童心已经不存在了。童心教育要真正了解儿童，就要关注、研究儿童的游戏，特别要关注他们的游戏方式。

儿童的游戏方式其实是他们的生活方式，也是他们的学习方式。要变革儿童的学习方式，使其成为儿童的游戏方式。至于变革现在课堂教学中的学习方式，说到底是要让儿童具有一种游戏精神。这种游戏精神不在于某一种具体的方式，而在于它会引领儿童发展。

所以回到儿童去，就是要回到儿童原来的意义上去，就是要回到儿童最伟大的可能性去，就是要回到儿童完整的生活中去，就是要回到儿童的生活方式和游戏方式上去。只有这样，才会发现真正的儿童，才会发现真实的儿童；否则，你对儿童的认识都是理念的，都是想象的，都是经验化的。

这四个"回到"，让真实的儿童浮现在我们面前，这样的儿童才是可触摸的。在与其相处的过程中，你才能逐步地成长起来，成为一个智慧的教师。

寻找教育的主题

　　偶然看到杜拉斯的一些资料。这位极富思想、风格独特的法国女作家、女导演，开始在书中寻找，后来在电影中寻找，寻找什么？她说："除了童年时代，一无所有。"她十分赞同司汤达的话："童年，无休无止的童年。"正是对童年的不断寻找和发现，让她在法国文学史和电影史上都占有独一无二的占有重要地位。这让我想到教师。教师的一切更是为了寻找童年，更是为了认识、发现儿童。我的认知判断是：认识发现儿童与教育、与教师是同一语，谁真正发现了儿童，谁就赢得了真正的教育。

　　认识、发现儿童是大学问、真学问、难学问、深学问，因为儿童是我们"熟悉的陌生者"。儿童，我们既熟悉，又陌生；有时候熟悉，有时候陌生；有的方面熟悉，有的方面陌生；对有的儿童熟悉，对有的儿童陌生。与文艺理论上的陌生化理论不同的是，我们重新去认识、发现儿童不是为了获得新鲜如初的审美体验，更不是为了猎奇，而是为了摆脱狭隘的日常关系和习以为常的惯常化的制约，从而感受儿童的丰富性和生动性。从某种角度说，丰富性、生动性正是另一种复杂性。陶行知曾言"儿童社会充满简单之美"，其深层含义是简单中有着不简单，抑或说，儿童有时用简单的方式表现、表达了一些复杂性，这样的美有时很神秘。所以对我们来说，认识、发现儿童是永恒的课题。

　　回到儿童的陌生处，当下最为重要的仍然是回到儿童的本义和最伟大之处去。儿童的本义是自由。对儿童探究、游戏的天性，哲学、艺术的创造性以及多种多样的可能性，我们的认识仍然很不到位，发现很不够，对儿童的可爱和伟大，我们仍有着多种不解和误解。这是当前教育中的主要问题，为此，我们应当从根本上转变儿童观，站到儿童立场上去，否则，教育注定会在陈旧、落后的圈子里徘徊，在徘徊中倒退，在倒退中最终失败。因此，我们必须重新发现儿童。

值得注意的是，当前儿童教育还有另一个问题和倾向，就是对儿童的认识和发现是不完整的。这种不完整，表现在三个方面：理论与实践的脱节和分离，理论中的儿童是伟大的，而实践中所发现的儿童却与理论上的发现不尽一致，我们往往以理论遮蔽实践；理想与现实的脱节和分离，现实中的儿童与理想中的儿童有着落差，而我们往往以理想中的儿童代替现实中的儿童；对儿童可能性的认识与把握，注重其积极、光明的一面，而忽略其消极、灰色的一面。三个方面的脱节、分离，既说明我们的理论需要修正，又说明实践需要调整。我们还没有发现真实的儿童，导致教师的困惑和教育的不知所措，有可能带来教育的失误和失职。我们需要重新发现儿童。

问题还在成人。我们要从儿童完整的世界入手，在完整性中重新发现儿童的真实性。儿童生活在三个世界中：现实的世界、理想的世界、虚拟化的世界。三个世界中，儿童的学习方式、生活状态、价值取向是不同的，常常发生猛烈的价值碰撞以至价值迷乱，而价值困惑、迷乱又影响着儿童的心理状态和学习方式。况且，随着时势的变迁，当今儿童呈现着多侧面性，是与非、善与恶、美与丑，混杂地体现在儿童身上。如果我们只关注某一方面，就可能会遮蔽儿童的真实性。所谓重新发现儿童，就是以完整的视野，再次审视、更加准确地把握真实的儿童。

当然，我们还得重申：重新发现儿童，绝不是对儿童可爱、伟大的否定，恰恰是让他们更可爱、更伟大。

小学不小：人生的透镜

一 | 小学不小

小学教育是什么？这似乎是个无须多讨论、深思考的话题。蒋保华先生对此却说"不"。他用心开发了它，思考了它。开发、思考的结果是：小学不小。面对《小学学什么——英才是这样炼成的》，我们不得不再次向小学教育投去深情的一瞥，不得不再次向小学教育致以崇高的敬礼。

是该重新认真地、深入地谈谈小学教育了。

小学教育是整个教育体系中最初的阶段，它是一种常识，简单、普通，似乎人人都懂，个个都能评说。可事实是，真正懂得的人不多，可以说很少。于是，小学教育似乎成了一个被弃之于角落的没什么价值的话题，人们无形中忽略了它，使之简单化，进而演变为应试化，渐渐刻板化，以至于发生了异化。而事实正是如此。有的地方，有的小学，小学教育偏离了常识的轨道，违背了小学教育的规律。问题的严重性在于，在很大程度上，违背了小学教育的规律，就是违背了整个教育的规律，甚至可以认定，这样的教育从一开始就违背了人生的规律，其结果必然如诗人王国平的诗句所言："一切都是在雪亮的刀刃上行走。"如此的小学教育，哪里还有什么快乐、幸福可言？儿童哪里还有什么童年可珍惜？一如萧默先生在书中所慨叹的："我真的很可怜我上五年级的孙子……我那从读书中得到的快乐，他都很少享受到。"他引用《马太福音》中的话说："你们是世上的盐，盐若失了味，怎能叫它再咸呢？"是的，小学教育应该让"世上的盐"永远有盐味、永远宝贵。一句诗的无奈吟诵，一句格言的再次呼唤，一声长辈的叹息，不得不引起我们对小学教育是什么、小学究竟学什么的再思考。

谁来解决这一重大问题？蒋保华先生的智慧之处在于，让当年的小学生来回忆、叙事、议论、建议。如今的大家们，当年的懵懂孩童，抖落身上的时间羽毛，从记忆的角落里去寻找。回忆是一种寻找，寻找意义、寻找源头、寻找路径、寻找力量。如今，他们的回忆多姿多彩地呈现在我们面前，我们也触摸到了他们往事中的温情、回忆中的温暖，以及由此展开的意义和力量。

如果把他们寻找的意义和力量作些软性概括的话，我以为在于以下几个方面，而恰恰是这几个方面，彰显了小学教育的图景：是过往的，又是未来的；是碎片化的，又具有整体感。这种历史的纵深感，让我们真真切切地感悟到：小学不小。

小学不小，可以用许多隐喻来表达。其一，小学教育好比一扇门，叩开这扇门，可以通向未来、通向世界。小学教育就是引导学生一次又一次地叩开这扇门，推开这扇门，迎接一个又一个新日子和新世界。其二，小学教育好比一粒种子，唤醒这粒种子，可以向上长，向着蓝天和太阳歌唱。"树屋理论"就在种子中。小学教育就是引导学生一次又一次地发现种子、呵护种子，让种子的力量焕发出来，长成一棵小苗、小树。其三，小学教育好比一个谜语，这是人生之谜，解开谜就会拥有更美的人生。小学教育就是引导学生一次又一次地怀着好奇心，去探究和创造，解开成功的密码，让人生在梦想中闪光。

柯云路在书中说得好，他在教师的鼓励下，平生的第一堂作文课上，交了第一篇作文。他说自己的成功，追根溯源，一定和小学的第一堂作文课、第一篇作文有关。其实，小学教育中有许许多多的"第一次"，小学教育就是让小学生从一个又一个"第一次"向前走。"第一次",预示着第二次、第三次……成功地拥有"第一次",就会预示和召唤今后的无数次。因此,不妨把小学教育当作人生的"第一次"。我们要提问的是,小学究竟给了学生什么样的第一次?

翻阅一篇篇故事,复现一个个小学教育情境,我坚定地认为,小学教育是人生的透镜,不同的透镜折射着不同人生的光彩;小学教育是儿童的根据地,不同的根据地支撑起不同的人生。让儿童拥有快乐、健康、幸福的童年,是小学教育的使命,也是给儿童修筑并赖以坚守的儿童的根据地。小学不小,《小学学什么——英才是这样炼成的》这一价值启示是伟大的。

二 | 铺展学习之旅

《小学学什么——英才是这样炼成的》用一个个故事,向大家郑重宣告:小学教育一定要以"幼者为本"。而幼者为本,一定要让学生真正学会学习,学会学习比知识更重要。小学学什么,这一命题为我们铺展的是一条灿烂的学习之路。

钱理群先生在文中有一个较为具体的回忆,他回忆的主题是:小学教育应当而且必须以幼者为本。幼者为本,实质是以学生为本,但是幼者为本更突出了儿童。儿童是幼小的,是弱小的,他们是幼者。从以学生为本到以幼者为本,道出的是对儿童无比的关怀和真正的珍爱。小学教育以幼者为本,点击了小学之"小",但又凸显了小学不"小"。我们面前一下子涌现出了一张张微笑而稚嫩的脸——他们是未来,他们是希望,因此,小学教育是对未来的一种定义。

以幼者为本的小学教育是真正的小学教育、良好的小学教育。真正的、良好的小学教育,应当具备什么样的品质呢?尤西林先生将这种品质称为纯正感,这样的小学教育是纯正教育。他认为纯正教育源自光明的教育，纯正感源自光明感。这一极有见地和深意的阐释，让我们自然想起杨叔子先生文中所引用的古训："幼儿养性，童蒙养正。"古训的关键是"养性"与"养正"。所谓"养"，是教育、培养之意，而教育、培养的核心是学，是幼童、学生自己在教师的指导、帮助下学会学。这是一种能力，它比知识更重要，比分数更重要，是真正的养正。大家们在书中各自复现了小学阶段学会学习的情境，归纳起来有以下几个方面。

第一，儿童生活在广阔的田野上，童年融化在生活的时空中，这启发我们，当下的小学教育应当永远与丰富的生活相融合，生活应永远成为小学教育的主语。

阅读《小学学什么——英才是这样炼成的》这本书时，稍加注意就会发现作者的小学生活大多数在农村，即使少数生活在城市，也有不少丰富的乡间生活。他们面前铺展的是一片无垠的田野，以及田野上的蓝天。蓝天下的田野，成为他们的课堂；田野里的小溪、小草、小树、小动物，成了他们的课程。老村先生在《懵懂里走过童年》的最后说："如今，我作为一个城里人，一个半拉子文人，经受着诸多磨难与烦恼时，时常便生出对山野自然——那种浑然无觉的生命状态的眷顾与向往。"难怪孙云晓先生说："学校给予我的知识和教育极为贫乏，至今让我感到先天不足、一生贫血。我的幸运是，大自然和文学之美把我从黑暗中拯救出来。"因此，他度过了"危险的童年"。陈忠实先生的童年记忆是那"难忘一渠清流"。那一渠清流岂止是宿舍前、教室前流过的清湛湛的水，又岂止是半夜小解往里撒个痛快绝不留遗味的水，更暗喻童年的生活犹如清泉，清湛、广阔、快意。如今，小学的大门被关上，院墙把学生与外界阻隔，校园里少了鸟叫声，即使也有竹林、小溪，但却与外界无关。童年的消逝，大概就是在与生活相隔离时悄悄发生的。我们可得警惕啊!

第二,儿童的生活方式应是快乐的,儿童应有自己的童年生活状态,这启发我们:当下的小学教育应该还儿童以儿童的方式,自由与快乐永远是儿童存在的本质。

《我们的田野,美丽的田野》是萧功秦先生文章的题目,他想说的是自由的田野才是我们的田野,才是美丽的田野。他说:"小学教育给予我一生受用不尽的东西,那就是在一种自由的环境中,我获得了培养与选择符合自己个性的兴趣与爱好的机缘。"于是,当年他在毫无准备的情况下,向教师、同学滔滔不绝地一口气讲了半个多小时,"靠的是什么?靠的是自由自在,无拘无束","按一个孩子的天性",一切都顺其自然。自然的方式才是"按一个孩子的天性"的方式,否则孩子就不是孩子。于是,蓝英年在书中发出呐喊:"可怜的孩子们,生活没开始就想退休了,你们还会不会玩,会不会淘气?你们爬过树吗?知道怎么钓鱼吗?分得清蟋蟀和老米嘴吗?你们的童年没有童年!"最后,他真切地说:"年轻的父母们,留出点时间让你们的孩子多玩儿玩儿吧!"何止是父母,教师也应这样。学习的方式是多种多样的。于是,智效民在小学时不做作业,但他有自己的作业,他说得平实又深刻:"因为不做作业,所以从小学三四年级起,我开始有了自己的爱好:一是读小说,二是看电影。"有自己的作业,好!小学教育不应只是给学生布置作业,更为重要的是让学生给自己布置作业,这是智慧的作业、智慧的教育。

第三,儿童有第三种力量——想象力,儿童在想象中才会获取创造的可能,这启发我们,当下的小学教育应当解放儿童的想象力。培养想象力、创造力永远是小学教育的使命。

想象力是第三种力量,这种力量有时会超越第一、第二种力量——知识的、身体的。而儿童正处在想象力蓬勃发展的最旺盛时期，此时教育一旦给予呵护，尤其是予以解放，那么，儿童就会在创造之路上奔跑。反之，想象力则可能在沉默中消失、"死去"。遗憾的是，当下的小学教育中这一现象还是比较普遍存在的。但以往的小学却不是。钱理群对母校的回忆，第一条就是"首先是对儿童想象力的开发与培育"。四年级时，老师给他的作文题是"假如我生了两只翅膀"。他写的是，一个"飞到喜马拉雅山的最高峰，去眺望全中国的美景"的梦。他说，"这样需要想象力的童年的梦奠定了我今天从事文学研究的基础"，"它给我留下的记忆与影响是真正刻骨铭心、融入血液的"。而如何解放想象力呢？游乾桂认为是玩。他引用明朝陆绍珩《醉古堂剑扫》中的一句发人深省的话——"高人玩世"，并将它奉为圭臬，摆放于心。是的，玩是解放想象力的秘诀。张晓岚亦是如此。为了多玩一会儿，他偷偷回家把闹钟调慢了一个小时，不料姐姐在旁笑得前仰后合，原来之前爸爸刚把闹钟调快了一个小时，现在正好，时间准确了。张晓岚的"鬼点子"被看破了，不过，他多有想象力、创造力啊！小学教育需要想象，真的很需要。

第四，儿童应有一点挫折，这样的童年才能完整起来，这启发我们，小学教育不能一片歌舞升平，儿童的生活也不是一帆风顺，有点艰难，有点失败，甚至有点痛苦，不是坏事情。这样的童年既是幸福的，又是坚强的，坚强的才是真正幸福的。

毋庸置疑，必须捍卫童年的快乐、幸福，快乐、幸福是小学教育的主旋律。不过，童年可能是一颗甜美的糖果，也可能是苦涩的药丸儿。有笑也有哭，有成功也有失败，有顺利也有挫折，甚至间或还有点痛苦，这才是生活，才是真正的童年生活。让童年生活完整起来，首先不要回避童年生活中的遭遇。《小学学什么——英才是这样炼成的》中描述的正是这样：张五常在田园荒野觅食，朱竞的颠沛流离，文洁若在日本念书的艰难，余泽民动荡中原始的游戏，萧默的诸多忧患……他们都有苦难的回忆。但是，这些苦难非但没有消磨他们童年的"养心"，相反，他们在苦难中得到了"养正"。尤其是孙绍振先生对"女老虎"老师打手心的回忆，也有不少的痛楚，但是在汹涌的泪水悲切的时候，几位"差生""老油条"竟然悲从中来，泪水流得更加豪放，而且哭得更整齐。他觉得，"听着他们的哭声，无异于世界上最美妙的友谊交响乐"。当下的小学教育，当然要反对体罚，但必要的惩罚呢？必要的挫折呢？必要的失败呢？我想，这些都不应回避。正是这些苦难，儿童才会真正懂得生活。后来的实践证明：受过苦难的孩子，成长得也许更好。

三 │ 母校是母亲，
│ 教师是教育家

童年的回忆，离不开母校，离不开当年的教师。对童年的回忆，常常是对母校、教师的回忆。因此，《小学学什么——英才是这样炼成的》非常鲜明地告诉我们：母校应当是母亲，教师应当是儿童心目中的教育家。

先说母校吧。刘墉这样叙述："记得读过一位诗人的句子'我的家在汨罗江畔，像一颗纽扣，扣在大地的胸膛'。我想到的是'我的母校在瑠公圳旁，像一位母亲，坐在我童年的记忆之中'。"说得多真、多好！母校就是母亲，很温暖、很长久、很美丽。袁鹰则是另一种感受，当这位白发校友听到了母校的信息，不禁为之神往和欣喜，他说母校"已成为我心中永恒的圣地了"。哪怕当年的母校只是一座破庙宇，但是庙宇里有着他们的童年，庙宇形成了一种宗教般的情结。难怪余泽民说，学校其实就是心目中的庙宇，"在我的心里祭祀着童年，供奉着回忆"。是的，母校常常坐在如今大家们已经模糊了的时空坐标的记忆里，挥之不去，永驻心间。对此，我们需要反思的是，我们究竟要给儿童留下一座什么样的母校？现代化的条件、先进的技术装备、标准化的操场、偌大的体育馆、花丛草坪、小桥流水……校园的美丽固然会给他们留下不可磨灭的印象，但这些都是物质的，最为重要的是思想的启蒙、精神的培养、情感的陶冶、习惯的养成。总之，应当是母校的文化。黑格尔用"洋葱头"来比喻文化的"魂体一体化"，物质中应当有魂，魂应当附体。在这样的校园里，儿童才会有归属感，才会充实、丰富，他们会把即使已经破败、简陋的校园当作圣坛，永存甜美的回忆。

问题在于当下学校文化建设存在两大缺陷，一是浅表化，二是同质化。浅表化，追求形式，忽略文化的内涵，徒有其表却无耐人寻味的意义；追求宣传效果，注重所谓学校的"美誉度"，而忽略学生从中真正体验到了什么。假若学生成了文化的摆设，这还是文化吗？同质化，缺失特色，大同小异，甚而千篇一律、千校一面。学校文化的无个性，当然会阻碍学生个性发展。而学校文化的个性，来自学校独特的文化主张。假若学校无文化主张，那么它的漂亮，充其量只是无魂的空壳而已。文化是一座圣坛，文化母校才会是一位真正值得依恋的母亲。

再说母校的教师。教师，对于学生，意味着什么？这是个秘密。黄礼孩就有这样的感悟。他说："小时候，对自己喜欢的老师的想念，是那么美好。它是一个秘密，隐藏在心中，伴随着一生的回忆。爱如少年，纯美的孩子，他的世界因为对美的人与事的怀念，他的心温暖起来，就开始走向开阔，像鸟儿一样飞得更远。"陈泰然回忆他的小学老师，由衷地说："他们都是台湾省伟大的教育家，他们都是我人生里不可或缺的部分。"于是，每当我们朗诵英国随笔名家赫兹利特在《论绘画的乐趣》一文的结尾——"那么下午我出去散步，回家时看见金星悬在一户穷苦人家的屋顶上，那一刻我的心里产生了许多别样的思想和情感，那种感觉以后再也没出现过"的时候，就会联想到母校的教师。教师——悬在屋顶的金星！

当下的教师有许多是非常优秀的，他们也将永远留在儿童的记忆里。不过，还有一些教师做得很不够，离教育家的距离还很远。对此，我们对自己的要求应当是：努力追赶，当爱溢满心头的时候，当专业化水准提升的时候，当名师不断涌现的时候，当我们成为学生心目中的教育家的时候，才会成为学生心中圣洁的母亲——我们会的。

昨天的故事，今天的意义。《小学学什么——英才是这样炼成的》的主编蒋保华给了我们一份最宝贵的礼物，给我们送来一种宝贵的理论："树屋理论"——小学教育让孩子长成好大一棵树。谢谢他的聊故事的方式，谢谢他的辛勤的劳动，谢谢他的悄然中的智慧。我们会永远记住：小学教育——人生的透镜，儿童的根据地。

儿童告诉我们教育的起点

过年时，总有亲戚的小孩来拜年，我总要和小朋友聊聊。每次聊，一定会对儿童有新的发现，也一定会想到我们的教育该如何应对。的确，教育必须真正从儿童的实际出发。

其中有一位小朋友，幼儿园大班，可几乎认识了所有的字。我拿出《光明日报》，上面有一篇写星云大师的文章《弘法利生，大慈大德》，他不仅能读文章的开头，字音准确，也很流畅，而且会解释"弘法利生，大慈大德"的意思，大差不离。电视上正播放优漫卡通的《熊出没》，他不仅读准了"没"（mò），而且知道这是个多音字，还可以读（méi），同时知道"出没"的意思。我们都很吃惊。父母说，他绝对没有上培训班，绝对没有专门教他认字，绝对没有读小学课本，都是他自己通过广播、电视、绘本、报纸以及在听故事中自然而然学会的。

我相信这样的小孩子只是少数。不过，我也相信现在的孩子认得的字越来越多，懂得的知识也越来越多，这是事实。当然，我还知道，这不是衡量孩子的主要标准，更不是唯一的标准，但是我们面对的问题是：当下的孩子已不是过去的孩子，他们的基础已发生了明显的变化，无论是知识还是经验，抑或是需求。因此，课程、教学、教育要不要作出相应的调整？若要调整，该怎么调整？一个理性的教育决策者，包括校长、教师，不应回避，也不应简单地否定、拒绝。

我有一些想法。其一，学前期（对这一概念我始终不认同，其实这一概念已把儿童从学校教育体系中排除）儿童的学习，包括认学、阅读、计算等，应是在自然状态下进行，不提倡，不刻意，不强求，一切在儿童的生活、游戏中；不作要求，不作考核，甚至不必作出评价，但是也不应刻意地去反对、阻止。其二，学前期儿童的发展，不能止于认字、阅读、计算，还有更为重要的是会玩，有想象力，有问题意识，有健康的身体等等。但是，儿童的学习、发展不是孤立、相互隔绝的，而是相互依存、渗透和影响的，不应对自然状态下的记字等视如大敌、拒之门外。当下的教育忌讳一个词：起点，因为"不要输在起跑线上"已误导、伤害了一大批人。是的，我们要面向儿童的未来，面向儿童的一生，但是不能不重视儿童发展的起点。换个角度说，任何人，尤其是儿童的发展总得有一个起点，关键是有一个什么样的起点。简单地回避起点是不对的，选择一个合适的起点，以科学的态度和方式，为儿童铺展起点则是正确、必要的。同样，为有天赋的儿童更好地发展，稍稍提高起点也无可厚非，因为中华的复兴，需要一批精英人才。

经验固然可贵，但是假如经验不与时俱进，不适时加以改造，丰富其内涵，这样的经验也是可怕的。在新的情势下，我们应该勇敢地探求新的规律、新的起点。多和儿童交朋友吧，多和他们接触吧，他们会告诉你很多、很多。

儿童的表情与教育的完整

儿童的表情来自心灵深处。

很多时候，由成人主宰的教育，关注了儿童的一部分表情，如笑容、认真和安静，却忽略了儿童的另一些表情，如坚强、勇敢和感恩。失去完整性的儿童表情，隐喻着教育世界的不完整。

教育就是要从儿童的表情中寻找自己的表情——教育的精神品格、价值理想和永远的儿童意义，以及教育的完整和完整的教育。

一 ｜ 快乐幸福与坚强、勇敢、感恩：
　　 一个完整的儿童世界

儿童的表情，曾经是紧张、不安和痛苦的。

由于不恰当的过高期望和沉重负担，半数以上的中小学生长期学习超时、睡眠不足，失去了本该拥有的快乐与幸福，在紧张、不安和痛苦中过早地告别了童年时代，造成了"童年恐慌"。成人的基本逻辑是，"孩子如果有了快乐的童年，就不会有幸福的成年"。这种把幸福向前推延的实质是扼杀儿童的幸福，取消儿童的幸福。

儿童是一种"缪斯性存在"，童年是一首诗，是一个童话世界，而诗与童话都有一个完美的结局——从此，我们幸福地生活在一起。是的，童年生活应该是快乐幸福的，儿童的表情应该是快乐幸福的。"儿童的未来才应该是快乐幸福的"的观念，开始转变为"儿童的现在、儿童的当下就应该是快乐与幸福的"。

可问题还有另外一面："童年恐慌"有没有其他的内涵和意旨？对这一问题的解释应该是：除了缺少快乐、幸福外，还有没有其他的缺失，也会造成"童年恐慌"呢？其实，这一命题的深层含义是：快乐、幸福的完整含义究竟是什么？进一步的命题是：如何理解儿童世界的完整性与儿童表情的完整性？

1. 世界是由一百组成的，儿童世界也是由一百组成的

瑞吉欧，意大利的一座小城。美国著名教育家罗杰斯·布鲁纳参观瑞吉欧的幼儿园后由衷赞叹，说瑞吉欧幼儿教育"是我见过中最为优秀的"，并把它称为"一个小城的奇迹"。奇迹就在于它对儿童的认识与发现。瑞吉欧教育的领头人马拉古齐认为，世界是由一百组成的，同样，儿童世界也是一个由一百组成的：一百种语言、一百双手、一百个念头、一百种游戏、一百种说话的方式等等，当然也有一百种表情。

但成人常常告诉儿童一百种并不存在。其实，真实的原因是成人从儿童世界里偷走了九十九种，比如，儿童的快乐与幸福。结果，爱、惊奇与快乐只属于春节和圣诞节。不过，成人还偷走了儿童的坚强与勇敢。结果，坚强、勇敢与感恩，只属于课文和造句作业。这样的儿童世界是不完整的，儿童的表情也是不完整的。

与成人世界一样，儿童世界也是一个价值丰富的大森林，既有天使，也有魔鬼；既有真善美，也有假丑恶；既有欢歌笑语，也有哭泣痛苦，又从哭泣痛苦走向幸福。这一过程正是儿童理解和追求快乐幸福的过程，正是他们学会生活的过

程，正是他们长大的过程。事实证明，快乐幸福总是与困难、挫折相随，因而必须要有坚强、勇敢伴行。一个不经受困难挫折考验的儿童不可能真正体味到快乐幸福，一个缺少挫折考验的儿童不可能真正体味到快乐幸福，一个缺少坚强、勇敢品质与精神的儿童，其人格可能不完善、不健全。

在 2008 年的汶川大地震中，儿童的表情让人印象深刻，尤其是坚强与勇敢的表情。当汶川县映秀小学的幸存师生见到从废墟里救出来的五年级女生黄思雨时，所有人都失声痛哭：小姑娘左小腿以下的部分，活活不见！"不哭嘛，不就是一条腿。好多人命都没了。"黄思雨居然这样安慰大家——尽管这位学校舞蹈队队员再也不能用双脚跳舞了。直到两天后被直升机救出，人们从没见她掉过一滴泪。

坚强，这个只偶尔在少先队队歌里听到，在学生的造句里看到的表情，在这样的时刻，以这样的方式出现在了儿童的脸上，出乎成人的意料。坚强的表情中，是儿童对生命的渴望、对生命意义的真切理解，更是儿童生命历程走向成熟的表征。

当然，在教育中，我们不是要刻意地给儿童制造困难、挫折和痛苦，更不是期盼一些天灾，但生活本身就是由快乐幸福与困难、挫折、痛苦编织而成的。真的，儿童世界是由一百组成的，我们既不能从他们的世界里偷走快乐幸福，也不能偷走面对困难、痛苦时应有的坚强与勇敢。应让坚强、勇敢在"一百"中占有应有的地位，这就是儿童世界的完整性，就是完整的儿童表情。

2. 坚强、勇敢是价值认同的标示器，也是快乐和幸福的钢铁般的内核

坚强、勇敢的表情是人的情感的外在表现，甚至是人的行为最本质的表现，它总是与价值认同联系在一起。儿童生活在价值世界里，每日每时，总会与各种

现象、各种人物相遇，而各种现象的背后隐藏着各种价值观，各种人物面对着儿童也总是持不同的价值观。认同什么样的价值观，就会有什么样的行为，也就会有什么样的表情。

灾难突至，面对亲人、教师和同学的离去，是痛苦、绝望，还是挺住、拯救，是一种态度，更是一种对生与死意义的判断，说到底是一种价值选择。

还是在汶川大地震中，都江堰市聚源中学初二学生冯翰文与同学一道被埋在废墟里，一些同学开始离去。大家的哭声变成了小声的抽泣，最后一片沉寂，死亡的恐惧笼罩着所有人。"我们难道要死了吗？""不！"冯翰文大声喊道，"我不会死！我们都不会死！"剩下的同学响应道："是的，我们不会死！"

此时，勇敢与坚强没有本质上的区别，它们是一对孪生兄弟，共同支撑起一个人的脊梁，乃至一个民族的脊梁。而在勇敢与坚强的背后，是真情、善良和仁爱。余友富，汶川县漩口中学的学生，父母要带他往安全地带转移，他拒绝了："是同学们把我从废墟里挖出来的，我不能抛下他们！""我已经死过一回了，还怕什么？"接着，他和其他男生冒着余震引发二次垮塌的危险，冲进废墟，把两名同学救了出来。

废墟里的歌声、读书声，对同学的呼喊声、鼓励声，以及对救援者的感谢声，无不生动地说明，灾区的儿童选择了坚强、勇敢，选择了乐观的期待，选择了对亲人、对教师、对解放军的信任，进而形成信念，化为众志成城、抗震救灾的精神。儿童的坚强、勇敢，正是社会主义的核心价值观，伴随着中华民族的文化基因，在心灵深处萌发生长，标示着改革开放以来社会主义现代化建设中，祖国的和平崛起给予儿童以理想引领和精神鼓舞。往深处说，儿童的这种表现就是中华民族的表情。中华民族的现在与未来需要这种表情。

其实，快乐与幸福并不排斥坚强与勇敢。在最为一般性的意义上，幸福是指人们所理解的一种良好的生活状态，以及这种生活状态的主观心境与内心感受。显然，快乐幸福与坚强、勇敢，包括感恩都是一种"良好的生活状态"，都是一种良好的"内心感受"。从这个意义上说，幸福包括对痛苦的免除，对痛苦的免除则是坚强、勇敢的表现。因此，在本质上，快乐幸福应该内在地包含坚强、勇敢，坚强、勇敢就是另一种快乐幸福，更是快乐幸福的钢铁般的内核。那种把坚强、勇敢，包括感恩排除在快乐幸福之外的观念是对快乐幸福的误读，是对儿童世界的误读。具有钢铁般内核的快乐幸福才经得起考验，儿童需要这种坚强、勇敢、感恩的幸福表情。

3. 坚强、勇敢、感恩具有生长的能力，能够生成新的更多的快乐与幸福

儿童生活在现实生活中，还需要"可能生活"。我们可以这样定义"可能生活"：如果一种生活是人类行动能力所能够实现的，那么就是一种可能生活。[1]

"可能生活"是可以实现的幸福生活，但必须具有"行动能力"。这种行动能力包括创造力，也包括生活的内在生长力。坚强、勇敢、感恩就具有这种生长力。因为坚强、勇敢、感恩使人经历，在经历中体验，在体验中成长，于是坚强、勇敢、感恩使人的心灵深处拥有一个永不枯竭的快乐幸福源泉。这个源泉将泽被整个人生，使他即使在艰难困苦之中仍拥有人类最高级的快乐。可见，引导儿童追求持续的幸福，追求"可能生活"，就必须在当下的现实生活中，让他自然、适度地去经受坚强、勇敢，包括感恩的磨炼，生长创造能力，培育幸福的

---

[1] 赵汀阳. 论可能生活 [M]. 北京：中国人民大学出版社，2004.

源泉，培育生长幸福的力量。

说到这儿，我们可以对"童年恐慌"作一个完整的阐释：缺少快乐、幸福会让童年恐慌，同样，缺少坚强、勇敢与感恩也会让童年恐慌。不仅如此，还会让儿童在突如其来的困难、灾难面前感到恐惧。建立一个完整意义上的儿童快乐、幸福观，让儿童呈现完整意义上的表情，是教育的使命。

二 ｜ 从儿童表情
　　　到儿童教育的表情

人生无法选择面对怎样的灾害，却可以选择面对灾害的态度。学生实质上也是教育者。我们应该确立起真正的教育哲学，让教育呈现完整的表情，从新的起点出发。

1. 真正了解儿童，真正信任儿童，寻找教育的起点

瑞典文学院院士阿托尔·隆德克维斯特于 1971 年在瑞典文学院授予儿童文学家林格伦金质大奖章的授奖仪式上说："你在这个世界上选择了自己的世界，这个世界是属于儿童的，他们是我们当中的天外来客，而您似乎有着特殊的能力和令人惊异的方法认识他们和了解他们。"儿童，天外来客，这是个隐喻。确实，我们对"天外来客"知之甚少，因而常常误读他们，教育往往也会犯错误，所以美国学者丹尼尔·科顿姆认为，有时"教育是无用的"。

是的，那些天真烂漫的儿童，平时平凡得像小草，但危机时刻，却表现得如此坚忍和刚强，用稚嫩的双肩担起灾难，也担当起道义。是的，那些一向"娇生惯养"的孩子，却表现得如此无私、无畏，用他们的鲜血和生命为成人作出了榜

样。是的，那些往日只会"索取""享受"的儿童，却表现得如此懂事，会感谢，会感恩，会关心，会付出，会去拯救别人，用弱小的身子使倾斜的世界平衡起来。这一切的一切说明，我们还没有真正认识他们，真正发现他们。

往常，我们不小心忽视了儿童心灵中那些刚毅的东西，只知道他们的心灵是弱小的，是柔软的，是脆弱的，因而以"保护"代替了教育。儿童需要保护，我们绝不能伤害那些柔弱的部分，但也应该去发现、珍视和开发儿童心灵中那些刚毅、勇敢的种子。长期的忽视，或者过分的"保护"，有可能使这些种子失去生命的活力，有可能使这些种子的萌芽萎缩。

往常，我们不小心忽视了中华民族优秀文化基因的力量。孔子的"仁"，孟子的"稷思天下有饥者，犹已饥之也；禹思天下有溺者，犹已溺之也"，这些古典的教诲不是停留在经典中的"死东西"，而是活在中华儿女的灵魂和血液中的活生生的东西，不声不响地影响着儿童的精神世界。于是，儿童心中的民族文化基因，也应是教育的资源和教育的基点。

往常，我们不小心忽视了现代社会先进文化的积极影响。当下社会的功利、浮躁、消费、娱乐、享受，确实给儿童许多的引诱和负面的影响。但是，现代社会的开放，文化的多元，以人为本的理念，自主创新的时代精神，竞争中的合作，公平民主的价值取向，无不给儿童带来新鲜的空气，让他们换一双眼睛看世界，换一种方式行走。开发和利用现代社会的积极因素，会使教育站在一个新的起点上，推动学生的自我教育，克服教育中自上而下的单一诉求。

2. 教育应该从生活中汲取养分，让学生有多种不同的经历

生活是多姿多彩的，教育应该向生活的方方面面敞开。教育与生活的全面链接，能让学生有多种不同的经历和体验，真正认识生活、认识世界，也能让学生

在生活和世界发生变化时，不至于惊慌恐惧，痛苦逃避。认可生活的常态，是世界的原本面目，也应成为教育的常态。

如此理念，并不否定教育对生活理想的追求，并不排斥教育对生活的改造、优化和选择。儿童应当有梦、有理想，应当仰望星空，去憧憬、去遥想。在儿童生活的画面上，梦幻与理想是最富有色彩的一笔。事实上，作为一种生活态度，理想是现在进行时的，而不是将来时的；梦幻所发生的作用也是完全真实的。生活教育不是生活的原版复制，需要改造、优化。但是，改造、优化，不是对生活本质的改造和否定，生活与教育的联系是在本质意义上的，绝不是端给儿童一个纯而又纯的童话般的世界，即使是童话，也有魔鬼的扰乱。所以，理想的教育绝不是纯粹的教育，绝不是脱离真实生活的教育。它必须让学生真实地面对生活，从生活中发现意义，用意义去引领生活。

儿童需要关于生命的教育，要教育学生敬畏生命、珍惜生命、爱护生命、保护生命，教给学生爱护和保护生命的知识和方法，并进行相应的训练。这不是"选修课"，而应是最重要的"必修课"。那种追求知识的堆砌，追求分数的名次，而忽略身体健康和安全的应试教育，是对生命的最大亵渎。

3. 爱是教育的核心，让教育在爱中行走

爱是人类存在的理由，正如罗素所说："高尚的生活是受爱激励并由知识导引的生活。"爱是一种力量，正如但丁所说："爱推动着日月星辰的运行。"爱是神圣的，正如泰戈尔所说："上帝就是灵魂里永远在休息的情爱。"爱是教育的密码，正如雪莱所说："道德教育最大秘密是爱。"进一步说，没有爱就没有真正的教育，没有良好的教育，这是夏丏尊的诊断。

儿童的表情是在爱里生成的。但是，教育常常让爱缺席，剩下的只是知识。

其实，没有爱的教育，学生的知识"只是一些愚蠢的话，他们的智慧就像一只空手套，他们的学问和智慧让美好高尚的思想退化，让所有年轻的花朵腐烂凋谢"，成人们也不过是"用像给他们的孩子穿衣服的方式来给他们的思想也穿衣服"。教育不是给孩子穿衣服，不是给孩子一只空手套，教育应该在爱中行走，用爱生成儿童的智慧，用爱生成儿童的快乐幸福，用爱生成儿童的坚强、勇敢与感恩，用爱生成儿童的思想。

爱的教育最终让学生学会爱，用爱去爱别人。抗震救灾中的儿童，把爱当作了一种拯救别人的责任与能力，当作感谢别人的方式。而这一切，都聚焦在教师上。其实，救灾中的教师非常优秀，他们把整个心灵以至生命献给了儿童。他们的表情酿造了儿童的表情，他们创造着最好的教育。也许，完整的教育，即真正的、良好的教育正是从这儿、从这个时候，又开始了新的起步！

儿童让你拥有儿童视角

罗慕洛是精信广告公司的首席设计师。一天，他有了一个重要发现：当他懒懒地躺在沙发上，无意间扫了一眼电视屏幕，只看到暗暗的一片，图像非常模糊。他以为是自己的眼睛出了问题，揉了揉眼睛，还不管用；但他立马坐起来之后，他终于看清楚了。原来，这是视角高低引起的视觉差异。于是他得到一个重要启发：成人和儿童之间的最大区别就是身高不同，既然如此，他们看海报时的视角肯定也不相同。他觉得，如果设计师以儿童的视角在海报里添加求助信息，成人就不容易看到，而儿童则一目了然。

故事的结局是这样的：他运用光栅印刷技术，结合两张图像设计出了一张特殊的海报，站立的人只看到一个忧伤的男童和一句宣传语——"有时候，虐待儿童的行为只有受害者才看得到。"而坐着的人却能看到男童嘴角边有一块瘀青，以及另一句话："如果有人伤害你，你打电话给我们，我们会帮助你。"这句话的后面，正是援助基金会的求助热线。

这个故事的标题是《只有孩子才看得懂的广告》，可我想给它取个正标题：儿童视角。

我们常常谈论儿童视角，可什么是儿童视角，常常很模糊，因而我们看不到真正的儿童。这是因为我们站着，比儿童站着时的身高高出好多，也就是说，当你坐着或蹲着的时候，和儿童站着时的身高是差不多的。其实，这时候，这已经不是一个纯粹的物理现象，当然也不是一个纯粹的事实高度，这差距更不是一个纯粹的数字。一切都在心理，而心理上的变化往往与物理的变化联系在一起，即物理上不变化，心理的变化很难发生。可见，课堂教学中教师行为的变化常常带来视角的变化，教师应在自然中和儿童使用同一个视角，使用同一种方式。可是，教师很难意识到一切从儿童出发，固有的行为很难"断气"。

儿童视角说到底是儿童立场问题。所谓儿童立场，简言之，就是站到儿童那边去，其中重要的是"放下身段"。当你有意和儿童变得一样高的时候，你就变成了一个儿童；当你和儿童坐在地上，和儿童一起观看巴西足球世界杯的时候，你看懂了他脸上的表情，你又变成了一个儿童；当你和儿童一起做游戏的时候，你能读懂他心里所想的一切，你也变成了一个儿童……问题在于你缺少儿童概念，内心的高度不愿意放下来。立场的变化实质上是心灵的变化、思想的变化。

教师还应当有个善于发现、善于思考的头脑。日复一日，年复一年，教师已习惯于"站"着了，好多在儿童看来不合理、无法接受的东西，教师已经习以为常，这样就以教师的合理代替了儿童认为的不合理，强迫儿童去接受。教师应当像罗慕洛那样，心中常有点纠结、烦恼，以此开始处处留心，突然在某个时候顿悟了，有了新发现，有了好的办法——因为你心中始终装着儿童——是儿童让你真正发现了儿童，是儿童让你拥有了儿童视角。

藏在故事里的教育智慧

教育需要智慧，需要大智慧，但智慧难以界定。不过，智慧绝不是虚无缥缈的，它就在我们的实践中，就在我们的教育教学过程中。智慧永远伴随我们，但又不显山不露水，谦让，似乎又有点羞怯——其实，这不是智慧的特征和品质。正因如此，智慧在"神秘"中展现它的无穷魅力。

叙事，即讲故事，是人类的话语方式和生活方式，也是一种研究方式。以叙事的方式兑现研究对象的"局部丰富性"乃是"人类原始智慧"中的一种诗性智慧，叙事是重新恢复"人类原始思维"的"诗性智慧"。教师是故事的创造者，"有故事"是教师的最大优势；讲故事，会引导我们走向叙事研究，去追寻教育智慧。

语言论、言语论、对语论是对语言本质研究和揭示中的三个阶段及其三种重要理论。如果说"语言论"是无主体的，"言语论"发现了一个主体——说话人，"对语论"则发现了语言活动中的两个主体——说话人和答话人。我们讲故事，是为了把我们的思想告诉他人。这是一个寻找和发现智慧的过程，也是一个分享和生成智慧的过程。

如冯友兰对《论语》的评价一样，故事中存有无限的暗示，充满提示的箴言。今天，就让我们试着来讲故事，试着进行叙事研究，解读故事中的暗示与提示，把藏在故事里的教育智慧寻找出来。此时，你——听者的智慧也许就随之开始生长了。

第一个故事　孔子游春

这是一个传说。因为是传说，我们可以进行适当的历史嫁接和想象。

孔子带弟子们去游春，来到了泗水河畔。阳光普照着大地，泗水河边桃红柳绿，草色青青，习习的春风像优美的琴声，在给翩翩到来的春天伴奏。孔子的心情很不平静，就像他眼前的泗水波澜起伏。活泼欢快的泗水从大山中滚滚而来，又不知疲倦地奔腾而去。孔子深情地望着泗水河，陷入了沉思。弟子们不知老师在看什么，都围拢过来。子路问道："老师在看什么呢？"孔子说："我在看水呀。""看水？"弟子们都用疑惑的眼光望着老师。子贡说："老师遇水必观，其中一定有道理，能不能讲给我们听听？"孔子凝望着泗水的绿波，意味深长地说："水奔流不息，是哺育一切生灵的乳汁，它好像有德行。水没有一定的形状，或方或长，流必向下，和顺温柔，它好像有情义。水穿山岩，凿石壁，从无惧色，它好像有志向。万物入水，必能荡涤污垢，它好像普施教化……由此看来，水真是真君子啊！"弟子们听了，无不惊讶。谁能料想，从司空见惯的流水中，老师竟能看出如此深奥的道理！

故事中的智慧

孔子凝望着泗水，他在沉思什么？在向我们暗示、提示什么？一言以蔽之，他在解释智慧。孔子没有去界定智慧，而是用比喻去说智慧。他最喜欢用水作比。用水作比往往能触及事物的本质，因而是根源性的比喻。孔子说："知者乐水，仁者乐山。知者动，仁者静。知者乐，仁者寿。"此段话暗示了智慧的几个特征。首先，智慧似水，似水一样流动，因而灵动、灵空，常常给人留下极大的想象空间；在水的流淌、流动、跳跃之中，智慧生成了，因此"动"是智慧的基本特征。可以十分肯定地说，静止、封闭、僵化的状态不是智慧，也生成不了智慧——灵动的课堂是智慧课堂。其次，智慧是有表情的，智慧的表情是快乐。表情是心灵的证据，快乐的表情反映的是内心的自由和愉快，身心舒展、充溢幸福感的人才会有智慧。所以，让儿童有智慧，首先要让他们快乐起来，当然，快乐绝不是娱乐化、肤浅的体验，应该有思维的含量——伴随着思考的快乐的课堂是智慧课堂。再次，水的流动、智者的乐，暗隐一种能力，也许是驾驭能力，也许是解释能力，也许是应对能力，也许是生成能力……其表现往往是一种敏感性、一种灵感、一种应急中的决策，其核心是思维和创造——培养学生能力的课堂是智慧课堂。又如，孔子把智与仁并提，不仅规定了完美人格的两个重要维度，而且暗含着智慧应有道德感。正如苏格拉底所说：我们每一个人把希望系在灵魂上，若使灵魂善起来，灵魂要系在智慧上，"智慧即美德"。亦如亚里士多德所说：智慧就是要对人类有益或有害的事情采取行动。因此，智慧的课堂应是道德课堂。

　　水，竟然蕴含着这么丰富的智慧内涵，不难理解孔子为什么如此凝望泗水，也不难理解水这一比喻根源性的意义。让我们从对水的解读中，从对孔子的智与仁的论述中，去寻找所暗示和提示的智慧之要义。

第二个故事　墙上的洞

　　故事发生在印度新德里，穷人居住的一条街。穷人的孩子没有钱上学，整天在街上疯玩。实验者在一间房子的墙上开了个方形的洞，洞的大小正好可以镶嵌一个电脑，荧光屏面对着街道，旁边还有一个触屏；电脑荧光屏和触屏的高度与孩子的身高差不多，可以让孩子们自由地去触摸。孩子被这新鲜的玩意儿吸引住了。第一个星期，街上的儿童都在这个洞前乱触摸，第二个星期好几个小孩子开始找到了"窍门"，三个星期以后，街上的这些孩子虽没学过英语，没学过电脑，却都初步学会了上网。请问：这些孩子在学校吗？不在。这算不算受教育？不知道。他们在不在学习？他们在学习。

故事中的智慧

这又是一个充满暗示和提示的故事。的确，孩子们在学习，虽然不在学校。何谓学习？学习是学习者的积极的自我建构。首先，电脑的荧屏与触屏深深地吸引了他们，引起了他们的好奇和兴趣。说明孩子有学习的天性，他们渴望学习。我们的任务是激发他们学习的兴趣，满足他们渴望学习的热情。其次，学习者自我建构的基本要素是经历，是经历中的体验、感悟、总结、概括，没有经历就不可能有学习，有什么经历就有什么样的学习——穷人街的孩子三个多星期在电脑前的游玩，是带着好奇与想象的一段经历，他们在经历中认知，在经历中运用。再次，学习者的自我建构必须有条件，一是他们必须有机会，二是必须获得支持的环境，三是学习要建立在他们已有的经验基础上，同时内容具有一定的挑战性。这些都蕴藏在故事中。设想一下，不提供电脑，不创设这样的支持性条件，孩子有欲望也无法学习。学习者是需要帮助的。最后，学习者的自我建构，其特质是变化，大脑皮层的变化，以及对外部世界认识的慢慢变化，这是一个改进的过程，是一种持续活动。

对"学习"的这一认识，使我们想起另一个重要问题，即教学的本质是什么。联合国教科文组织教育规划研究所所长说：教育的核心即学习。显然，教学的核心应是学生的学习。这一命题的基本含义是：教学是为了学生的学习，促进学生的发展；教学要从学生的学习出发，设计、展开教学过程；学生是教学过程中的主体，从本质上说，教学活动应是教师指导下学生的学习活动，教学过程应是教师指导下学生的学习过程。"墙上的洞"还使我们想起另一个有意思的问题：学生学习，教师必须在场吗？故事中孩子学习时，根本没有教师。可见，教学中教师的位置是经常变化的：可以在学生的前头，可以在学生的旁边，也可以在学生的后边，还可以不在场，关键是教师要教会学生学会学习，放手让学生大胆地去学习。假如教师不在场，学生也会学习，这算得上是最好的教师、最好的教学。若此，说到底，实质上教师最终是"在场"的。教学直抵学习这一核心，是最大的教育智慧。

第三个故事　一幅人体挂图

老师走进教室，在黑板旁挂上一幅人体骨骼图，上面注明了人体主要骨骼的位置及其名称。老师对全班同学没有就这幅挂图说任何话，提任何要求，一挂就是一个月。同学们每天进进出出，对这幅图应该很熟悉了。一个月过去了，这天，老师当众把挂图取下来，然后发下一份试卷，只有一道题目：请写出人体主要骨骼的主要位置及其名称。同学们表示强烈不满：教材上没有，老师没有讲过，也从没有提过要求，我们当然写不出。大家忍气吞声把试卷答了，可想而知会是一个什么结果。老师把试卷收上来，没有批阅，放在一旁，说："其实，你们的答案是什么，并不重要，重要的是让你们知道，什么是学习。学习，不是别人告诉你的东西；另外，处处都可以学习。"从此，同学们把这次考试当作了一次最重要的学习。

故事中的智慧

是的，考试并不重要，甚至连学什么也并不重要，重要的是把握学习的要义。第一，处处皆可学习。这是因为处处皆有知识，关键是要做有心人。教师的使命不仅在教会学生学习知识，更为重要的是培植学生主动学习的品质和精神，这种品质和精神比学习能力还要重要，或者说有了主动学习的品质和精神就有可能培养起自己学习的能力——教师首先要给学生一颗爱学习的心。第二，学习是一个发现的过程。人体挂图与学生天天见面，学生却不去关心它，不去"阅读"它，没有从中发现什么，其原因在于传统的学习概念：学习是老师告诉我。教师的教学绝不仅仅是（甚至不是）把现成的知识告诉学生，而是让学生去寻找和发现。发现，是学习的方法，更是学习的本质意义。教师要给学生善于发现的眼睛。第三，如果这一故事中的教师稍微调整一下做法：对挂人体骨骼图的意图和要求稍作说明，并在以后的日子常提醒，也许学生会考得好。可见，教学目标、教学要求何等重要。教师，请给学生一个学习的目标和任务，让目标与任务驱动学生学习，提高教学的有效性。如果我们把语文书、语文学习资源也当作一幅"挂图"，如果你就是那位教师，一个极有意思的设想，会给语文教学带来许多极有意义的想象。

第四个故事　一百分的作文

"文化大革命"结束后，钱梦龙接教初中二年级的语文。学生的语文基础实在太差了，连小学生都不如。以前，一位女教师把小学语文书发给大家，决心帮助他们从小学的基础知识补起。但是学生把小学语文书摔在地上，用现在的话来说："太伤自尊了。"钱老师给他们上第一堂课，"你们知道我钱梦龙还是很有名气的，但是，你们并不知道我是一个留级生，而且是老留级生，因为初中时我留了三次级"。同学们一听，这么有名的教师还曾经是留级生，看来，基础差并不可怕，只要有信心只要努力。钱老师接着说："今天写一篇作文，题目很简单：'我的家'。"一位男同学说："'我的家'写什么呀，是不是写爸爸在家里讲什么，妈妈在家里讲什么?"钱老师说:"可以。不过,'我的家'内容很丰富,其他内容都可以写。作文的要求也很简单,一是题目要居中,二是文章要分段,就是开头空两格。"同学们心想,题目居中通过计算还可以做到,怎么分段呢?是不是爸爸的话作为一段,妈妈的话也作为一段呢?钱老师回答:"当然可以,记住,开头要空两格。"同学们好不容易把文章写好了,钱老师什么都不看,什么中心思想、材料具体、用词准确、语言生动……一概不看,只看题目有没有居中,文章有没有分段,凡是做到的,都毫不犹豫地打上一百分。

作文发下去,学生们很高兴!可是,过一会儿转念一想:如此水平的作文还能拿一百分?钱老师是不是在骗我们,把一百分送给我们的?钱老师听说后,一天在课上讲:"同学们还记得'我的家'作文是什么要求吗?"同学们说,记得啊,题目居中,文章分段。"有没有做到呢?"大家说做到了。钱老师郑重其事地说:"达到了要求就应该得一百分,这是你们自己努力得来的,不是老师送给你们的,做老师的从来不骗学生。不过,我要提醒大家,作文的要求何止是题目居中、分段呢?还有很多要求,有的要求还很高。但是,这次经过努力,你们做到了,相信你们坚持努力,其他要求都可以达到。"同学们听了,个个点头。

故事中的智慧

无疑,钱梦龙充满着教育智慧,但是我要说,他首先有教育的道德。钱老师给学生的是一个分数吗?在一百分的后面,还有什么?回答当然是:他给了学生一次成功的体验,让学生从失败和自卑中走出来,获得了一种自信,让学生体会到一种真正的尊严。让学生自信地、有尊严地生活在课堂里,这就是道德。心理学家早就告诉我们,每个人心中都有一种尊严感,它是非常美丽的,又是十分脆弱的。如苏霍姆林斯基所说，孩子们的自尊心好比是玫瑰花上的露珠，朝霞中，露珠在花瓣上滚动，好不美丽！但是，一不小心，摇动了枝叶，露珠滚落下来，破碎了，不复存在了。呵护孩子那美丽而又脆弱的自尊心，道德之光就会照耀着他们，让他们抬起头来走路。

其实，智慧离不开道德。据说，雅典城原本没有名字，好多人希望用自己的名字来命名。雅典人说，每人送给我们一件礼物，做一件好事，谁的礼物好、好事好，就用谁的名字来命名，做我们城的守护神。海神波塞冬送了一匹战马，智慧女神雅典娜送的是橄榄枝。结果，雅典城人接受了橄榄枝，用雅典娜的名字作城市的名字，因为他们认为橄榄枝象征着和平，战马则意味着战争。看来，智慧女神应是爱之神、和平之神。智慧的这种道德感，要求教师从尊重学生做起。尊重是道德的起点，也是人性的起点，只有尊重学生才可能有真正意义上的以学生发展为本。

第五个故事　"可笑"的理想

新上任的语文老师第一堂课布置的作文是"我的理想"，刚在黑板上写完题目，下面就唉声叹气、嘘声一片。老师很吃惊，问一个学生，为什么会有这种表情。学生说，老师，您是让说真话吗？老师回答：当然是说真话。学生立即说，我觉得这个作文题目太可笑啦！老师沉思后问，觉得可笑的请举手。起初五六个，陆陆续续竟有九成以上的学生举了手。老师又沉默了一会儿说，既然大家都觉得这题目可笑，那么今天的作文题就改为"'可笑'的理想"，仍然希望大家说真话。老师忐忑不安地批改作文，事实证明这种担心并非多余。大家都觉得谈理想可笑，理由大致是：小学写过，初一也写过，现在还要写，没意思；自己根本就没什么理想，每次都出于无奈，被老师逼着编造一个所谓的理想；现代人还谈什么理想，只要挣到钱就是唯一的理想……老师的心情由不安变得沉重，真没想到青春年少的孩子变得如此"老成"，如此世故。

此时，一个学生的作文让老师眼前一亮："父亲小时候就有一个梦想，成为一个歌唱家。当老师第一次读他的作文时，同学们都笑了，因为父亲听力极差。上中学后老师再读他的文章时，大家更觉得可笑，因为父亲是一个聋哑人……我要延续父亲的梦想帮他实现愿望，不过我并不是想成为歌唱家，而是成为出色的医生，治好父亲的病。我知道这很难，但自懂事起立下的目标，我永远不会改变。虽然我的学习还不好，每回说出这个理想，都让人笑话，可我会像父亲那样不放弃。"

讲评课上，老师只是将这位同学的作文缓缓地读了一遍，教室里所有的孩子都被深深打动了。读完后，老师问："还觉得理想可笑吗？"大家齐声回答：不可笑！老师说，那好，这节课仍然写"我的理想"。所有孩子都静静地提起了笔……

故事中的智慧

从"我的理想"到"'可笑'的理想"再回到"我的理想"，这一过程始终围绕着"理想"展开。理想折射出对价值的认识和态度。所谓"价值"，是"理想中的事实"。教学不仅仅是知识传授的过程，也是正确价值观建构的过程。但是，以往我们常常关注知识，知识重于一切，因而知识挤压了智慧，遮蔽了价值观，结果学生为知识所累，甚至成了知识的奴隶，剩下的只是知识。随着改革开放，我们进入多元文化时代，多元价值观呈现在课堂里，教学过程更为开放，也更为复杂，这是一种进步。而课程改革倡导学生自主学习和探究，鼓励学生个性化阅读，这也是一种极大的进步。但有时学生面对不同的价值观，难免困惑，甚至迷茫，教师该怎么办？回答是：动态生成，但必须坚持价值引领。故事中教师的教育智慧就表现在以正确的价值观引领学生的发展，把对理想的认识无形中提升到价值层面，悄悄进行了一场价值辨认和正确价值观的确认。

说其"悄悄"，是因为教师运用教育艺术不声不响地转变了学生的理想价值观。尼采说，艺术是出场者的态度，是对生命的刺激。这位教师有鲜明的价值观，虽很"吃惊"，但不动声色；虽"忐忑不安"，但内心有一种教育的定力；虽心情"沉重"，但却在"沉思"中寻找教育的契机。他把"我的"改为"可笑的"，是为了"顺应"学生的心情，让学生暴露真实的想法，进而有针对性地进行教育。这一"顺应"是一种教育智慧，提高了教育的有效性。他又不失时机地利用学生的作文，把内心的激动化为"缓缓地朗读"，把理想的激情与力量弥散在教室里，这一切打动了学生的心，最后仍回到"我的理想"。题目的转换，正是价值观的转换，一切是那么自然，又那么真实和生动。其实，智慧往往是在"悄悄"之中。不过，如果没有出现那位学生的作文，这位教师该怎么设计自己的教学呢？这是一个考验教育智慧的思考题。作为教师，你们会怎么办？

第六个故事　天上那一万万颗星星

于漪老师正在领着学生朗读课文，教室里一切都显得井然有序，学生们沉浸在课文中那美妙的语句及所描述的生动情景中。当读到"天上那一万万颗星星……"时，一位男同学自言自语地说："万万"是什么意思？全班同学听了都笑了起来，说连"万万"是"亿"都不知道。在全班同学的哄笑声中，那位同学红着脸，低下了头。于老师说："是啊，万万是亿，但是，课文为什么不写天上一亿颗星星，而写一万万颗星星呢？"同学们想了想说，大概是感觉不同。于老师说"是的，感觉是不同。大家不妨比较着读一读"。于是，同学们用读来比较，说真的，"万万"与"亿"的意思一样，但感觉却不同。于老师讲："对啊，这就是中国语言文字叠词所产生的叠韵之美。"顿了顿，又说："这是今天我们额外的收获，这是谁给我们带来的？"大家不约而同地把头转向了那位同学，那位同学把头抬了起来……

故事中的智慧

显然，这一教学环节和内容是生成的。教学中常常有突发事件，这很正常。这种突发事件其实是一种教育资源，问题在于你能不能发现、能不能把握、能不能利用。于漪老师就有这种"生成"的思维方式和有效利用的能力，她的高明之处，一是当听到学生说"万万"是"亿"这一常识也不懂时，并没有和其他学生一样讥笑，而是首先承认，"是啊，'万万'就是'亿'"。她没有违背科学知识无原则地去维护学生的自尊，而是给学生一个正确的知识肯定。二是及时地把问题与课文联系起来，而不是离开文本去讨论，生成是为教学内容服务的。三是巧妙地化解问题——通过读来比较，领会文章用词的精心与考究，细致入微，如雨露滋润心田。四是把问题带回原点：这额外的收获是谁带给我们的？让学生点出了问题的价值，重新获得一种自信。

当下，课堂教学中仍是以预设为主，生成的思维还未占主导；同时，生成与预设的关系、生成的目的性与有效性等问题还未能得到很好的解决。于漪老师的这一案例给我们以极大的启示。

第七个故事　提问题

一位老农民，没有进过学校，没有知识，但三个儿子都是大学生，其中一个还是博士。有人向他请教家庭教育的经验，他说，我没有经验，连老师布置的在孩子的作业本上检查、签字的任务也不能完成。但是，我会每天问孩子一个问题：今天上课你举手提问、发言了吗？

诺贝尔物理学奖得主伊西多·拉比的母亲也碰到同样的问题：您是怎么培养您儿子的？这位母亲说，我每天都会过问孩子的学习，但不问学习内容，而总是问："你今天有没有提一个好问题？"

卡尔文有一个习惯：老师几乎还未完全说出口时就抢先回答。老师教训他："卡尔文，你永远都不可能成为科学家，因为你不等到所有的信息都展现出来时就得出结论。"事实是，后来卡尔文成了科学家，获得了诺贝尔化学奖。他对自己的学生说："若是等到所有的数据都得到以后再来回答，或许计算机都可以做到。真正的技巧却是，你有一半数据，还有一半是错误的，而你不知道哪一半是错误的，在这种情况下，你给出正确的答案。这就是说，科学家需要一种把零散的事实进行整合的能力，一种敢于跨越鸿沟的想象能力。"

故事中的智慧

《论语》中有两句话：博学而笃志、切问而近思。复旦大学以此作为校训。这两句中，我们最看重的是每句的第二个字：学、问。学问学问，问是学习的起点。可以这么判断：无问就无真正意义上的学习，无问就无创造。老农民没有知识却有智慧，他深谙提问的重要；伊西多·拉比的母亲深知一个好问题比一个知识点更重要；卡尔文的"插嘴"恰恰是思维敏捷以及整合信息的能力和无限的想象能力的表现。的确，学生敢于提问题是值得提倡和鼓励的。

敢于提问题，还涉及问题的质量。20 世纪伟大的物理学家玻尔曾经说过："没有愚蠢的问题。"接着他说，2500 年前有人提了一个问题："世界是怎么组成的。"有人以为这是一个愚蠢的问题，但这恰恰标志着自然科学的开始。所以，不要把学生提的问题当作是愚蠢的，这"愚蠢"的问题可能预示着一个新的发现和发明。也许，伊西多·拉比母亲所说的"好问题"，起初正是"愚蠢"的。

第八个故事　苏格拉底的苦闷

大哲人、大智者苏格拉底时感苦闷，因为他不知道究竟什么是智慧，不知道智慧的本质是什么。有人劝他说，不要烦恼，并告诉他雅典城有许多有智慧的人，他们会解答智慧问题。于是，苏格拉底访遍了雅典城所有说自己有智慧的人，但他更加失望，因为那些人只是号称有智慧。苏格拉底最后说："我知道我什么都不知道，还是认识自己吧！"

故事中的智慧

智慧是很难理解的，越是智者越是对智慧感到困惑、迷茫。实际上，这是一种谦虚的、探求的、良好的状态。苏格拉底认为：真正智慧的第一个行动即是承认无知。类似的意思，托尔勒泰也说过："我们所能知道的，不过是我们什么也不知道，这乃是人类智慧的顶点。"帕斯卡尔有同感："世人对种种事物能作出明智的判断是因为他们知道自己处于天然无知之中。"

是的，承认自己无知，才会虚怀若谷，敞开自己的心灵，虚心地倾听，潜心地研究，全心地吸纳，充实自己，提升自己。面对纷繁复杂的知识世界，面对日新月异的文化建设，面对呈现开放状态、丰富的语文教学改革，我们应该说：教育智慧的第一个行动是承认自己无知，于是，学习、研究、实践开始了，智慧悄悄地生长了……这是多么美妙、神圣的时刻！

第二辑

派到儿童世界去
的文化使者

从文化哲学的角度，把教师定义为成人世界派到儿童世界去的文化使者。我相信，这是教师的最本质的专业身份，是教师专业身份的最高境界。

　　教师应当是一个会讲故事的人，是一个有故事的人，是一个创造故事的人。这样儿童立场就会萌发、生长。

教师：派到儿童世界去的文化使者

一 | 教师身份追问

"教师是谁？"这是一个极为普通又很不寻常的提问。说其普通，是因为我们可以不假思索地予以回答，而且心底会涌起一股真情；说其不寻常，是因为这一提问涉及教师的专业身份，充满着深刻的意义阐释。

面对这一提问，我们已经有了很多回答，尤其是关于"教师像什么"的比喻。这些比喻曾经影响、激励了一代又一代教师。我们不能说这些比喻已经"老去"，但也不能说这些比喻已触及教师专业尊严和专业价值的实质，即使是"平等对话中的首席"也未必准确。因为对话共同体"是一种开放和自由的环境，是一个空灵之境"，是"在一定程度上进行协商"，"对话真正关注的是意义，并不直接关注真理"，"因此，我们需要从内到外都做到搁置己见，把持住自己，并予以自省"。教育中的对话不是谈判，不应有首席与次席之分。当然，任何比喻都不是完美的。我们对"教师是谁"的回答应当向其最具实质意义的核心部位逼近，力求准确和深刻。我们以为，专业身份应当是关于教师发展的讨论的一个新视角，可以帮助我们从深处去探寻教师真正的深意。

身份是一个日常的普通用语，但它具有社会学和文化哲学的深刻意蕴。它与人所处的位置、所担当的责任等自然地联系在一起，其实质是把自我认知与他人的认同聚焦在对"谁"的理解上。至于专业身份，则是对教师专业意义、专业责任、专业使命的聚焦。身份、专业身份所关注和所表述的方式，不是在"像什么"，而是在"是什么"，强化思辨、理性和逻辑。

基于以上的一些想法，从文化哲学的角度，我把教师定义为成人世界派到儿童世界去的文化使者。我相信，这是教师的最本质的专业身份，是教师专业身份的最高境界。

二 | 别把通向
儿童世界的大门关闭

儿童世界和成人世界是两个完全不同的世界。儿童对成人世界的态度、方式与成人对儿童世界的态度、方式是迥异的。儿童对成人世界充满着好奇，总想到成人世界中探个究竟。所以，蒙台梭利早就说，儿童是上帝派来的密探。儿童发现成人世界里充满争斗、怀疑、失望、辩论而没有结果，所以泰戈尔说："我的孩子们，让你们的生命到他们当中去，如一线镇定而纯洁的光，使他们愉悦而沉静。"在中国诗人顾城看来，在灰色的成人世界里行走的儿童，绝不是灰色的，"一个鲜红，一个淡绿"，那么鲜艳，那么鲜明，那么充满生命的活力，洋溢着灵性和少年精神。

可是，成人却不太愿意到儿童世界去走一走、看一看。他们很自信：我们都从童年走来，最了解孩子；整天和孩子在一起，最懂得孩子。其实，这样的自信有点儿夸大和盲目，成人并未真正走进儿童世界。不可否认，教师是成人世界中的优秀者。不过，真正走进儿童世界的教师并不多；即使进入了儿童世界，教师又总是自觉或不自觉地显现权威者、训导者的身份及其方式，缺少倾听，缺少对儿童真正的理解。因而，在很大程度上，是教师自己把通向儿童世界的大门关闭了起来，而不是儿童世界对他们的拒绝。由于教师对儿童世界不了解，其结果是对儿童不认识，不仅不可能有教育目标的达成，反而如卢森堡批评一些革命家那样：在急急忙忙赶往伟大事业的路上撞倒孩子。可见，教师走进儿童世界，亲近他们，了解他们，是教育的前提和基础。而"派到儿童世界去的文化使者"这一身份，意味着教师对教育意义的认识，首要的、关键的是对儿童世界的发现，是对儿童的发现。教师之于儿童的教育，首先是一条走进儿童世界的了解之路，是一条对儿童的发现之旅。严格地说，教师这种身份，不是比喻，甚至也不是隐喻，而是对教师使命的准确定义和定位。

三 ｜ 引领儿童，
绝不能成为懒散的放浪

教师不仅要了解儿童，走进儿童世界，还必须引领儿童。俄罗斯著名诗人叶夫图申科曾经对学校有个独特的比喻："学校——育人的产院。"育人的产院，不是身体的、物质的，而是"我们要为培养儿童的心灵而奋斗，／我们要，／我们要……／要是在别人的吆喝声中／我们／没有心灵／会怎么样呢？"儿童不能没有心灵，儿童心灵的纯洁来自教师在"育人的产院"里纯洁而神圣心灵的引领。

儿童毕竟是儿童。如果教师的职责只止于对儿童的了解，这远远不够，而了解又止于儿童天使般的可爱也肯定是不够的。我们不能把儿童理想化，杜威批评这样的认识"实际上无非是懒散的放浪"。他在讨论"教育即生长"时，承认儿童的生长有不同的方向。"一个人有可能生长成为老练的强盗、恶棍或腐化不堪的政客，这是毋庸置疑的"，因此对教师来说，"重要的事情是注意儿童哪些冲动在向前发展，而不是注意他们以往的冲动"。谁也不必怀疑，任何放弃对儿童的引领都是错误、危险的。

"派到儿童世界去的文化使者"，肩负着民族、人民、时代和未来对儿童引领、教育的使命。教育应以文化为背景，它是文化的一种重要形态，从深层意义上看，教育的使命就是文化使命。"文化上的每一次进步都让我们向自由迈进一步。"恩格斯的这一判断，让我们掂量出文化使者的意义和职责的分量。

四 | 转识成慧：
文化上的引领

文化使者的使命在于对儿童的引领，但问题是用什么来引领，引领什么。我们会情不自禁地想起知识，想起知识对儿童的引领。杜威持有这样的观点，英国著名哲学家怀特海也持有这样的观点，但是他们更重视智慧的发展。杜威强调将知识的获得、发展从属于智慧的培养，从属于探究的过程。怀特海更加明确地说：认知教育总得要传授知识。但有一样东西比知识模糊，不过它比知识更伟大，在教育过程中居于主导地位。人们把它叫作智慧。也许你可以轻而易举地获取知识，但未必能轻而易举地获取智慧。由此，我们应当这么去认定教师的使命：将知识转化为智慧。

转识成慧固然是重要的文化引领，但文化引领还有更重要的内容。文化的实质是人化。所谓文化是人化，是说文化可以影响人，但人能创造文化。教师和儿童既是文化的体验者、享受者，更是文化的创造者。所以，文化使者——教师对儿童的引领，最为重要的是在传承文化的过程中，创造文化，发展文化。理论和实践不止一次地证明，在教师的引领下，儿童是可以创造文化的。他们可以创造纯真的儿童文化，可以创造儿童诗学。儿童文化、儿童诗学犹如植物的根，可以帮助儿童甚至成人共同生长为一棵大树。值得注意的是，文化是人化这一命题的终极意义和价值，在于把学校这一"育人的产院"变成教师和儿童的精神家园，变成一块最安全、最富营养的文化栖息地，让创造精神和实践能力在这块文化栖息地里生长起来、强壮起来。文化使者的这一文化引领，必定会在儿童的生活中筑起一块精神高地，让他们踮起脚来仰望灿烂的星空。

文化引领使命的讨论还应再深入。文化的核心是价值观问题。鲁洁教授对价值作了简明的界定："价值是理想中的事实。"价值引领离不开事实，但是最为重要的应当是在事实中并从现实引领儿童发现理想的光亮，追求理想。值得注意的是，当下的儿童认为谈论诸如"我的理想"之类的话题是可笑的。在他们的价值追求中，理想与财富、享受、娱乐联系在一起。在多元文化带来的多元价值观前，他们感到困惑，以至产生价值迷乱，无法进行价值澄清。正是在这样重大的问题前，教师的文化引领、价值取向的指导是多么重要，又是多么紧迫。其实，无论是知识还是智慧，无论是价值澄清还是文化创造，都在教师与儿童特有的关系中。

五 | 培植
儿童的文化乡情

20 世纪美国最有影响的女人类学家露丝·本尼迪克特在她的著作《文化模式》中，引用北美迪格尔印第安人箴言："一开始，上帝就给了每个民族一只杯子，一只陶杯，从这杯子里，人们饮入了他们的生活。"这来自草根的谚语，本身就充溢着浓郁的乡土文化气息。每个民族都有自己独特的文化、独特的生活方式。教师这一"派到儿童世界去的文化使者"，带给儿童的是全人类的文化，其中不可或缺的还有民族文化，还有他们自己民族的这只"陶杯"，这样他们生活在自己的文化中，在全球化的浪潮中就能保持民族文化的个性，彰显民族鲜活的生命。

中华民族文化源远流长，博大精深。中华民族文化就是万里长城，就是长江黄河，就是唐诗、宋词、元曲、明清小说，就是那古老的汉字，就是那端午的粽子、中秋的月亮、春节的鞭炮……中华民族文化像母亲微笑的脸庞、温暖的胸怀、甜美的乳汁。中华民族文化的元素，应植入儿童的心灵，让他们依偎在母亲的怀里，吮吸母亲甜美的乳汁，从母亲微笑的脸庞汲取无穷的力量。久而久之，这些文化元素融入儿童的心灵，成为民族的基因，发育成民族文化的胚胎。

我们可以想见，在这个偌大的世界里，中华民族的后代怀着"乡情"，带着民族文化印记走向世界。长大了，无论他们走到哪里，都一定是一个优秀的世界公民，也一定是一个永远的中国人。这不是乡愁，不是怀旧，而是可贵的文化品格。文化使者担负着这一重任，可亲可敬。

六 | 道德，
　　文化引领的方式

美国前国防部长、哈佛大学教授瑟夫·奈提出了"文化软实力"的概念。他是这样解释文化的："谦卑的强权，通过吸引别人而不是强求别人想要达到的目的，这就是文化。"这是对文化的诸多解释中，最耐人寻味的一个。文化能影响人，文化能改变人，把文化视作"强权"并无不可，关键是这样的强权，其品性是谦卑的，其方式是"吸引别人"而非"强求别人"的。通常意义上讲，使者应当友善而非强暴，尊重而非非礼，沟通而非武断，但是，不讲礼仪、违背使者身份的事并不鲜见。我们之所以说教师是"派到儿童世界去的文化使者"，无非在强调教师的教育方式应当是文化的、人文的、道德的。

道德是人类的最高目的，也是教育的最高目的。教育正是为了这一最高目的，用道德的方式，把最有价值的知识传授给学生。文化使者的身份印合着这一目的和教育要义，用道德的方式完成文化使命。我们不妨用比喻来作些阐释。马斯洛曾经说，如果一个人手里拿着锤子，就有可能把眼前所有的东西都看作钉子，既没有差异，而且会狠命地用锤子去把学生当作钉子来钉。用锤子钉钉子的方式肯定不是文化的、道德的。这自然会让我们去想象：教师手里应该拿什么呢？也许是照人向前的一盏灯，也许是扶人而上的梯子。其实，手里拿什么不是最重要的，心里有什么才是关键，还是陶行知先生说得好："捧着一颗心来，不带半根草去。"

文化使者的道德方式，还表现在对待时间的理念和方式上。卢梭曾经有个精彩的判断：误用时间比虚掷时间更可恶。卢梭并不赞成虚掷、浪费时间，但他最为反对的是误用时间——用时间占满学生的生活，霸占学生所有时空，这样就堵塞了学生心智丰富的通道，伤害了学生的心灵。细细推敲卢梭的这句话，似乎还隐含着这样的意思：让学生有自己支配的时间，让他们根据兴趣去爱好、去发展，看起来这是"虚掷"，其实是有效、有价值的。显然，这样的方式是文化、道德的。

文化使者的道德方式归结起来是尊重、倾听、理解和对话。尊重像是清晨那第一缕阳光，会唤醒儿童的耳朵，唤醒儿童的心灵。马卡连柯把尊重作为教育的原则。他说："我的基本原则——永远是尽量多地要求一个人，也要尽可能地尊重一个人。实在说，在我们的辩证法里，这两者是一个东西。"倾听既是一种尊重他人的方式，更是一种品质和智慧。只有倾听，才能获得更多的、真实的信息，理智地作出判断，才会伴随以理性的情感引导。不善于倾听，正是教师的两大毛病——漫不经心和缺乏耐心的反映，因而我们有必要建构倾听教育。对儿童教育的失败，往往是缺乏对儿童的理解所造成的。意大利小镇瑞吉欧创造了最好的学前教育，其成功的秘诀，用瑞吉欧教育的领头人马拉古齐的话来说：这是因为我们善于关怀、倾听和理解。对话是意义溪水的流动，在"你—我"的心里及相互间流淌，最终我发现了你，你也发现了我，于是我们彼此到达了未知的彼岸。

七　和孩子们
一起创造故事

　　另一个国度里，使者也会遇到一些麻烦，一些棘手的人与事。教育世界里，更是如此。作为"派到儿童世界去的文化使者"的教师，在麻烦事前应经受住考验。

　　我曾经与江苏吴江市的特级教师管建刚讨论过作文教学革命。我问他："你最喜欢什么样的孩子？"他毫不迟疑地回答："我喜欢顽皮的孩子，喜欢制造麻烦的孩子。因为顽皮的孩子常常制造麻烦，而制造麻烦的孩子故事最多。"然后，他又补充说："我要做一个有故事的老师，希望每天下班后都要留下一个故事。"这是管建刚的儿童观。正是这样的儿童观，让他诞生了自己的作文教学观。与其说他的作文教学是体系与机制的革命，不如说是他的儿童观、教育观的革命。

　　格鲁吉亚教育家、教育革新家阿莫纳什维利最喜欢说的三句话："孩子们，你们好！""孩子们，你们生活得怎样？""孩子们，祝你们一路平安！"他认为，把儿童的声音称作喧嚷声是不妥当的。"教师应该具有教师的听觉，以便从这种所谓的喧嚷声中辨别出在这个儿童乐队中各种不同音律的乐器所奏来的音响，并使你满怀着先行聆听一下这未来的生活交响乐的激情。"是的，儿童常常叽叽喳喳，但是阿莫纳什维利说，"谁爱儿童的叽叽喳喳声已经爱得入迷，谁就能获得自己的职业的幸福"。是的，顽皮的儿童常常制造麻烦，但是阿莫纳什维利又说："没有儿童的顽皮，没有顽皮的儿童，就不能建立真正的教育学。"是的，儿童教育需要纪律，但是阿莫纳什维利也说："儿童纪律的主要特点在于不是去压制顽皮。"

我们有和阿莫纳什维利、管建刚一样的体会，那就是：对教师的最大考验往往是与顽皮儿童的相处。"派到儿童世界去的文化使者"的智慧，在于这一身份规定所带来的良好品质，即有耐心、有宽容心。教育的艺术就在耐心之中，教育的密码就在宽容心之中。实践证明，文化的宽容一定会带来文化的多元和个性，带来文化的丰富多彩，带来文化智慧。也许这就是故事，就是文化，因为"文化是一个故事"。我们不难理解，文化使者喜欢故事的原因在于喜欢文化，创造故事就是创造文化。文化使者正是和儿童一起创造故事、创造文化，生长起智慧，生长起良好的精神品格。

八 ｜ 在古老的舞池里
　　｜ 焕发青春的光彩

文化使者拥有丰富的文化，他们用文化来滋养自己的心灵。因此，教师拥有丰富的心灵生活，呈现完整、高尚的精神状态。他们对儿童的引领，不仅仅是在工艺的层面，也不仅仅是在技术层面，更是心灵的引导，用心灵的力量唤醒儿童的内心。师徒是人类古老的共舞舞伴，教学的一个伟大收益就在于它每天都提供

给我们重返这古老舞台的机会。这是螺旋上升地发展的代际舞蹈。在此过程中，长辈以他们的经验增强晚辈的能量，年轻人以他们新的生机充实、激发年长者，在他们的接触和交流中重新编织人类社会的结果。是的，教师这一文化使者将以文化铸就自己的心灵，为儿童培育、积蓄、增强文化能量，与他们一起创造更加美好的世界，让古老的舞池和舞蹈焕发青春的光彩。

儿童研究：教师的"第一专业"

　　随着"教师专业发展"概念的确立及其命题的研究与实践推进，教师拥有了对自己专业价值的认知，并以此逐步树立起自己的专业尊严。可喜的是，专业价值与专业尊严激起教师专业发展的动力，形成专业发展的路径，让教师专业水平有了明显提升，具有专业特质的教师不断成长。这足以说明，一种揭示规律、彰显特质的概念和命题的形成与坚持，是可以推动教师专业发展的。

　　事物发展总是一个不断深化认识、及时反思、适度调整的过程，教师专业发展正是如此。如果作些深入考察和理性分析的话，不难发现教师专业发展中尚有一些值得关注和改进的问题，关注教师专业内涵的理解和把握，就是当下一个比较突出的问题。

　　毋庸置疑，学科是教师的专业，须臾不可离开，任何时候都不能轻慢。世俗地说，学科专业是教师的立足之本；"学术"地说，学科专业是教师发展、跃升的基石。斯霞、于漪、李吉林等，哪一个没有自己的学科，哪一个不是自己学科之路上的开掘者、领跑者，最终成为佼佼者。完全可以这么认定：教师专业发展必须基于学科专业。同时，还可以这么判断：当下基于学科专业的发展，我们还做得不够，其有待发掘的空间仍然是相当大的。因此，学科专业发展永远是一条没有终点的路。其间，每一次小的抵达，都是又一次新的出发。

不过，值得注意的是，现实中的"基于"学科专业，往往变成"囿于"学科专业，不少教师"陷"在学科专业中跳不出、展不开、走不远。究其原因，主要是认识上的误区：把学科专业当作唯一的专业，似乎舍此就无其他专业可言。比如，教师包括一些学者都强调"学科味"，这当然是正确的，而且十分重要，可问题是，究竟什么是"学科味"，怎样才能提升"学科味"，我们并没有搞清楚。这带来的结果是，不断筑牢学科边界，把教师专业发展紧紧绑在学科专业发展上。"囿于"学科专业，教师发展的通道必然狭窄，其视角往往偏狭，最终很可能造成教师的专业素质结构不合理，文化背景不丰厚，专业水平难以进一步提升，优秀、杰出的教师难以显现出来。面对"囿于"学科专业的问题，我们应当保持一份警惕，同时应有这样的追问：难道教师专业发展仅仅是学科专业发展吗？到底应该怎样理解和把握教师专业发展的内涵？

我的观点是：教师专业发展应当基于学科，但又应当超越学科。其讨论的视角可以有多个方面。

其一，教师身份的视角。教师的身份首先是教师，其次才是学科教师。"教师"这一身份，内在决定着同时也外在要求着教师的素养要全面，视野要开阔，要超越所教学科，全面关注和关怀学生的生活。学生的生活原本是一个完整的世界，它不只是由学科构成，而是从学生的知识经验和需求出发，并以此展开的。事实上，一个好教师首先是学生生活的指导者和精神发育的引领者，这就要求教师超越自己的学科。当然，不可否认的是，为了全面育人，教师可以建构基于自身的学科，从学科特点出发，但总是悄悄地"离开"学科。这种"离开"实质上是一种超越。教师专业的超越性是与"教师"这一身份紧密联系在一起的。"教师"这一身份让教师"专业"内涵更丰富，超越学科是不言而喻的。

其二，学科定义的视角。当今，许多概念需要重新定义，佐藤学称之为"再定义"。他对学科的再定义是："学习的文化领域。"这一"再定义"的意义在于，它打开了学科边界，走向了领域，走向了综合。这种走向势必让教师专业基于学科，又超越学科。从课程发展史来看，学科总是从综合走向分科，又走向更高层次的综合，因而建构了新的边界。新的边界的建立，可以让学生和教师在交界处对话，在边缘地带创新。显然，学科的新理解、新定义，涉及对学科专业内涵的新理解、新定义。在这一"再定义"的时代，仍囿于固有的专业理解显然是落后的——这种"囿于"不仅不会促进教师专业发展，还会阻遏教师向专业迈进，影响教师素养的全面提高。

其三，专业知识结构的视角。教师的专业知识是一个结构。教师的知识由四部分知识构成：学科知识、学科教学知识、条件性知识、文化性知识。如果说学科教学知识仍属学科知识范畴的话，那么条件性知识、文化性知识显然已超越了学科。所谓"条件性知识"，主要是教育理论知识，它不属于教师所教的某个具体学科，但在教学中具有渗透性和引领性；所谓"文化性知识"，似乎也与所教学科无甚多关系，但是它让学科教学更具文化含量，让教师更具文化活力与魅力，看似无关，其实关系甚密甚大。用这一知识结构来观照，我们会发现，教师的专业知识结构不完整，偏狭在所教学科上，越发影响教师专业知识结构的形成。于是，我们应该坚信：教师的"专业"应当超越学科。

其四，实践的视角。我曾经在南京师范大学附属中学的校史馆里看到这么一份史料——20世纪二三十年代，南京师范大学附属中学是当年的中央大学附属实验中学。学校规定，所有教师每年都要到中央大学进修，进修的选修课程的规定相当明确和严格：首先，选修与自己所教学科没有关系的学科课程；其次，选修与自己所学学科靠得比较近的学科课程；最后，才选修自己所教学科的课程。这一规定难能可贵，也耐人寻味。80多年过去了，如今我们如何理解专业？"无关的""靠得近的"，其实都是内在联系着的、互相影响着的，都是有关的。如今，假若教师的专业还止于狭隘的专业理解，那就不是什么倒退的问题了。对此，用感性的方式来表达，那就是：真的，教师专业发展既要基于学科专业，又要超越学科专业。

二 | 教师发展应当有"第一专业"，
这"第一专业"是儿童研究

教师专业发展的超越性，要求我们去寻找比学科专业"更大""更高"的专业，这"更大""更高"的专业一定是存在的。而且，这"更大""更高"的专业一直起着作用。亚里士多德曾提出过"第一哲学"的概念，认为"第一哲学"这门学问具有为所有其他哲学部门准备基本概念和基本规律的功能，其成果是所有具体哲学部门的预设的前提，因此，它应当是"在先的"——最先的，所以被称为"第一哲学"。学理上的相通可以发生迁移。既然有"第一哲学"，那么认定有教师发展的"第一专业"不仅是成立的，也是理所当然的。

教师发展的"第一专业"应具备一些基本性质和特征。一是宏大性。所谓"宏大"，主要是指这一专业注重对专业的战略思考，从宏观的专业发展上把握专业的内涵和发展方向。一如庄子在《齐物篇》中所说，"大智闲闲，小智间间。大言炎炎，小言詹詹"。闲，即空也，空也，无限大也；间，即隔也，隔也，细小也。具有大智慧的人，善于从大的方面去思考和规划，其言语表达也有宏大的气势，而非拘泥于细小而陷入琐碎。"第一专业"是种大智慧，可让教师拥有大智慧。具体学科不能算是细小和琐碎，但一旦囿于甚而拘泥于此，而遗忘宏大的方向性，就很有可能使教师发展处在"间间"和"澹澹"的状态。事实上，这样的现象是比较普遍存在着的，如不注意，很有可能从普遍现象变成一种倾向，因而妨碍教师的专业进步和发展。

二是在先性。所谓"在先"，就是它要走在其他专业的前面，是"预设的前提"，要为所有的具体学科或部门准备和提供"基本概念"和"基本规律"。反过来说，没有"第一专业"的在先，就完全有可能让具体的学科专业或部门失去前提而茫然，进而失去根据，违背基本规律。因此，"第一专业"是其他学科专业的"先驱者"。实践中，"第一专业"往往缺失，抑或常常造成"第一专业"的滞后。事实上，"第一"的意义倒不仅仅在次序上，更为重要的意义是，"第一专业"应当贯穿教师发展的始终，具有全程性。倘若缺失或滞后，都会让教师专业发展失去依凭。因此，关键的问题是，在教师专业发展中，要着重思考，应当让什么基本概念先行一步并贯穿始终，应当用先行的基本概念形成什么样的核心范畴。对此，许多教师颇感困惑，而且深感迷茫，我们必须给予专业提醒和支持。

三是统领性。西班牙哲学家弗尔南多·萨瓦特尔在其著作《哲学的邀请》中论及了哲学和科学的关系。他认为科学处在"信息"和"知识"这两个层次之间，而哲学则处在"知识"与"智慧"这两个层次之间；哲学之于科学的最大区别是，哲学是"传授一种方法，或者说是一种进行思考的道路，一种看待问题和论证问题的方式"。其中，也包括提供基本概念和基本规律。"第一专业"的实质是一种哲学，它引领人们从知识走向智慧，从单一走向整合，从表象走向内核，培育问题，进行追问和思考，因而具有统领性。"第一专业"的哲学方式引领所有学科的发展，引领所有学科教师在更普遍的意义和更高的层次上发展。

那么，具有宏大性、在先性和统领性的"第一专业"究竟是什么？在古希腊，所谓"第一哲学"不是一种，大致有三种。同样，教师发展的"第一专业"也不会只有一种，因为个人讨论问题的视角、逻辑的出发点是不一样的。在学习、思考和实践的基础上，儿童研究应当是教师发展的"第一专业"。其理由大致有以下几个方面。

从教育对象看，儿童是教育的对象。教育的对象意味着，教育是为着他们的，是从他们出发的，是基于他们的。倘若连对象的兴趣、经验、需求以及个性都不了解，教育便失去了依凭，也失去了意义和价值。因此，儿童需求是教育的基点，儿童发展是教育的出发点。然而事实是，教育常常不了解儿童，仅凭经验、想象、成人的需要来对待儿童，甚至以教师自己的意志代替儿童意志，"绑架"儿童。教育的边界其实没有儿童，教育是忘掉儿童的，这样的教育难免误判儿童，而且撞倒儿童。可以说，教育成功的密码在于我们教育的对象——儿童，在于研究、了解、发现儿童；反之，则导致教育的彻底失败。

从教育主体来看，毫无疑义，儿童是教育的主体。哈贝马斯等学者的"主体间性"阐明了师生间的关系，凸显了儿童的主体地位。主体是人，但人不一定是主体，其关键是人要成为教育活动的发出者、参与者、创造者。遗憾的是，我们对儿童这一主体了解了多少，他们是怎么发出要求的，是怎么参与的，是怎么学习的，是怎么创造的，有时我们一知半解，甚至一无所知。这样的教育怎么可能有效，怎么可能走向成功？要了解、确立儿童的主体地位，就必须研究儿童——教师首先是儿童研究者。

从教学发展趋势来看，教学即儿童的研究已成为共同的认知和发展走向。以往我们也研究儿童，其目的是为了教学。但是，教学过程其实是儿童研究的过程，儿童研究与教学研究不是两回事，而是统一在一起、融合在一起的一回事。

因此，研究课程、教材、教法固然是重要的，但其中不贯穿儿童研究则可能使这些成为技术化的过程。在这样的过程中，儿童也可能成为工具。我们不难形成这样的共识：教师既是教学的行家，也应是、更应是儿童研究的专家，是把教学研究与儿童研究融为一体的艺术家、教育家。

不再赘述教育家关于作为教师要研究儿童的论述。仅综上所述，我们就应当鲜明地提出教师发展的"第一专业"，而且应当坚定地把儿童研究当作教师发展的"第一专业"。要坚信儿童研究是教师专业发展的核心定位，以"第一专业"推动教师专业发展，是我们的智慧选择。

三 │ 把握儿童研究的主题、关键与方式，
　　促进"第一专业"水平的提升

"第一专业"的水平实际上是儿童研究水平，提升"第一专业"水平，首先要提升儿童研究水平，而儿童研究水平的提升关涉到儿童研究的主题、关键与方式。

1. 儿童研究的主题

儿童研究内涵十分丰富和深刻，其中有许多基本问题需要弄清楚，因为儿童本身就是一个世界，儿童研究就是研究儿童世界，进而让儿童世界成为一个完整的图形。因此，在诸多问题的研究中，应当寻找并确定一个总的主题，这样研究才会有目的、有重点、有计划地推进。儿童研究的总主题应当是认识儿童、发现儿童、发展儿童。发展儿童是研究儿童的宗旨，认识与发展儿童既是儿童研究的前提，也是儿童研究的目的。认识、发现、发展，共同编织成儿童研究之网，而

儿童是这一张网的核心。编织这样的儿童研究之网，永远是一个过程。如此，儿童研究的主题当然是教师"第一专业"发展、提升的主题。

我们要认识儿童。随着时代的进步、社会的发展，儿童正在悄悄地发生变化。他们不仅生活在现实世界，还生活在理想世界和虚拟世界。三个不同的世界有着不同的价值愿景，因而儿童世界里常常产生价值碰撞，让儿童处在价值迷惑之中。此时，认识儿童的什么，怎样认识儿童显得尤为重要。认识儿童，重要的有两点：一是回到儿童原初的意义上，回到传统的关于儿童的经典意义上去；二是追寻当代儿童发展的新轨迹、新特点，关注儿童的现实表现。二者结合才能认识完整的儿童，认识真正的儿童，否则就会有失偏颇。因此，"第一专业"是建立在认识儿童基础之上的。

我们要发现儿童。认识儿童与发现儿童密不可分，不过二者又有区别。如果说认识儿童是重在儿童是谁的话，那么发现儿童则重在儿童内心秘密的发现，尤其是儿童的最伟大之处——可能性的发现。儿童是未被承认的天才，是因为他们的可能性有待被承认和开发。陶行知先生说，孩子人小心不小，你若小看小孩子，便会比小孩还要小。加拿大教育现象学家马克斯·范梅南直截了当地说："看待儿童其实就是看待可能性。"可能性虽说是未来性、不确定性，但它一定是潜在的创造性，而且可能性往往"潜伏"在现实性中，发现可能性可从关注现实性开始。用可能性引导现实性，也许是教育最重要的发现。这样的发现才可能使教育站到一个更高的起点上，"第一专业"才会闪烁其特有的色彩。

我们要发展儿童。这似乎是无需追问的问题，但是仍需要追问的是：以什么样的方式发展儿童？因为不是所有的方式都能促进儿童的发展。比如，以爱的名义，也可以毁掉儿童。又如，以"动机是好的"的名义，也有可能给儿童留下"童年的伤口"。研究儿童，既要研究儿童发展的方向，也要研究儿童发展的方式。研究促进儿童发展的方式，这是"第一专业"的题中应有之义。

2. 儿童研究的关键

儿童研究的关键是确立正确、先进的儿童观。教师"第一专业"的所谓"第一"，在很大程度上来说是让正确、先进的儿童观走在前面；"第一专业"的建设、提升过程，核心是确立正确、先进的儿童观的过程；真正建筑在儿童观之上的专业，才有可能称为"第一专业"。

确立正确、先进的儿童观需要转变，也需要转化——理念转化为行为，才能算得上真正的转变，而转变、转化最终将内化为教师的素质，成为教师人格的重要组成部分，显现为教师的人格特征。用这样的理念或标准来衡量当下教师的儿童观，可以发现我们尚存在以下一些偏差。

其一，对儿童的认识其实是肤浅的。不少教师对儿童的认识停留在过去，对当今的儿童仍是陌生的，对于儿童的许多新需求、新方式、新特点，教师并不了解；对儿童的认识停留在表象，对儿童内心世界及其秘密还很茫然，儿童内心与表现的不一致，让我们的教育有时"南辕北辙"；对儿童的认识停留在现实性上，常让现实性遮蔽儿童的可能性，教育的目光短浅且功利。

其二，对儿童的认识是抽象的。不少教师心目中只有儿童"类"的概念，没有一个个具体的儿童；只有复数，而没有单数；只有"这一批"，而没有"这一个""那一个"。因此，教育中常常以"类"代替具体的儿童。抽象导致了儿童个性色彩的丧失，也必然导致差异性的丢弃，而掉落到统一化、标准化的教育泥潭。这样的教育，失败是必然的。

其三，对儿童的认识是不完整的。儿童是一个完整的概念，儿童的可能性也有两种完全相反的方向——童年既可能是一颗甜美的糖果，也可能是一颗苦涩的药丸。假若把儿童看得十全十美，教育就失去了价值；假若把儿童看得一无是处，教育也会失去信心。这两种倾向都存在于教育之中，都应防止出现。当然，当前的主要倾向仍然是没有发现儿童的可贵之处。

针对以上问题，教师要总结自己的实践，反思自己的经验，调整儿童研究的思路和方式，抓住儿童观这一关键问题，锤炼、提升儿童研究这"第一专业"，让正确、先进的儿童观根植于内心深处，走在教育教学的前头。

3. 儿童研究的方式

教师专业发展水平往往通过能力状态表现出来，而能力又与研究方式相关联，儿童研究不能忽略研究方式。

儿童研究已有许多经验，教师也积累了许多鲜活的案例。概括起来，大概有以下几种：最具现场性的研究方式是日复一日的观察，其关键在于研究的目的性、计划性，尤其是观察后的思考、分析。如果每个学期教师能重点观察几个学生，持之以恒，定会走进儿童世界。最具深刻性的研究方式是个案研究，其关键不在于案例的数量，也不在于案例本身，而在于对案例的"研究"。如果每年有一定数量的案例研究，教师的儿童研究定会既走向生动，又走向深刻。最适合教师的研究方式是叙事研究。讲述故事，让研究存活于讲述中，让儿童发展存活于故事的演变中，亲密，温暖，有色彩，儿童研究者这一教师身份，就会在叙事研究中逐步建构起来。

教研：教师前行的罗盘

我一直在思考和想象，用一个什么比喻来描述课程改革对于教研工作的价值引领与意义生成——因为美国著名课改专家小威廉·E·多尔有这么一个认定：隐喻比逻辑更有效。我曾读了特朗斯特罗默的话，这位 2011 年度诺贝尔文学奖的获得者、诗人，说自己内心有一个神秘的罗盘，因此，不管在什么地方，他都能找回家。于是，我毫不犹豫地借用这一隐喻：是课程改革为教研工作开辟了一个新的空间，为教研人员搭建了一个发展的新平台——课程改革之于教研工作及教研员，犹如是找回家又走向未来的罗盘，它存活于教研员的内心。

一如人可以创造空间，空间也可以创造人，课程改革创造了"新教研"，创造了教研员，教研员又在创造着新课程、新课堂。和所有的人一样，教研员对课程改革也有一个不断认识、理解和适应的过程。他们从被动卷入到积极投身，一直在思考、探索、创造，不断改进和提升，教研工作呈现着新面貌。对于省、市、县（区）各级教研部门和教研员，我们应当怀有深深的敬意。

课程改革从来没有停下过自己前行的步伐。课改之旅中，仍有许多陌生的风景、陌生的他者，当然还有陌生的自己。有陌生感，才有创造感，才有教育、教学及其研究的发生。教研员面对着陌生，要去迎接新的挑战，此时重要的是内在的"罗盘"。

确实，教研员又一次处在一个关键的时刻，站到了一个更新的平台上。

教研员要站到开放的边界上。课程改革打开了学科边界，也打开了教学边界。我们常说，回到学科教学中去，这固然没错，但仍须警惕，因为如今的学科、教学已不是一种孤立的存在，它有课程的背景，以及更广阔的知识背景。学科、教学边界的打开，需要教研员跳出自己的学科专业与学科教学研究，要"左顾右盼""瞻前顾后"。教研员不应该只是学科教学研究专家，还应该是课程专家、儿童研究专家。

教研员要站在民主与合作的平台上。有一个不可回避且必须正视的问题：教研员在当地成了某一学科的"最高权威"，方向在哪里，重点是什么，谁好谁差，赛课、评比中谁上谁下，教研员的意见几乎一言九鼎。这一现象既说明教研员的地位不断提升，更为重要的是，这一现象中潜伏着危险。教育越来越民主，教师也不再是沉默的大多数；教研的管理呈现着新的方式，自上而下与自下而上的结合；教育事业首先是道德事业，教研员首先是道德领导者，教研员的威信不是源于他的身份与岗位，而是他的道德与文章，是人格的魅力。教研员要建立民主教研的思想，学会与教师、更多人合作。

教研员要站在深度的、有效的专业支持的平台上。教研员的特质在于"研"，而"研"的目的在于为教师的教学改革提供专业支持。教师是一种专业，他们需要不断获得专业上的指导和引领，而且随着课程改革的深入，教师需要深度的、有效的专业支持，这对教研员是一个极大的挑战。我们提倡现场培训、校本教研，事实证明它们是有效的，但这绝不是专业支持的全部。深度与有效的专业支持诞生在教师日复一日、年复一年的教学现场，诞生在广阔的教学田野。这不仅要求教研员有扎实的工作作风，而且其专业水平要有更高的提升。

不得不说的是，教研的所有平台需要政府部门的搭建与提升，需要广大教师的支持。这样课程改革定会有在开放边界上的放歌，也才会有平台上更远的瞭望。

故事中的儿童立场

一 | 故事与儿童立场

1. 故事是伟大的

不要小看故事，不要小看故事讲述，千万切记。

20 世纪的思想家汉娜·阿伦特认为，"特定的人类生命，其主要特点……就是它充满着最终可以当作故事来讲的事件……"的确，故事与人类生命紧密相连，进而可以认为，故事本应是人类生命的一种形态，创造故事是在创造生命，讲述故事是在讲述生命意义。

亚里士多德在《诗学》中把故事叙述界定为"戏剧性的模仿和人类行为的构想，而叙述故事的艺术便给予我们一个人人可以分享的世界"。的确，故事的叙述与倾听，是在交流和分享，是在感悟和思想，在这一分享的世界里，大家都会进步。

波士顿学院教授理查德·卡尼认为，"叙述故事就是将时间从零碎的时刻与个人无关的消逝向一种模式、情节、神话转变，从而将时间人格化"。的确，人格已融化在时间里，融化在故事里。创造与讲述故事的深层意义是对时间的追寻，对价格完善的追求。

赵汀阳先生用一个比喻来描述故事与文化的关系："文化是一个故事。"的确，讲述故事正是讲述文化，享用文化，文化这一故事让我们拥有文化的思考，而文化的进步让我们迈向自由的境界。

故事是伟大的。

2. 儿童立场是神圣的

教育有自己的立场，教育立场说到底是儿童立场。只有真正站在儿童立场上，才会有真正教育、良好教育的发生；如果抛弃儿童立场，站在另外的立场上，教育很可能是一种"伪教育"，甚至是"反教育"。

儿童立场既复杂又简单。说其复杂，是因为儿童世界本来就是一个复杂、丰富而又神秘的世界，要对儿童立场进行界定、阐释，还涉及诸多问题，需要认证、厘清，也是很复杂的事。说其简单，是因为儿童社会要充满着简单之美。儿童立场，就是把儿童当主语，一切从儿童出发，把儿童发展当作评判教育的根本的、唯一的尺度和原则。因此，说简单，其实不简单，真正想儿童之所想，为儿童之所为，谈何容易？往简单处去说，实质是往深处去说。

法国女革命家、思想家卢森堡曾经批评那些革命家，在急急忙忙赶往伟大事业的路上常常没心没肺地撞倒儿童，她认定这是一件罪行。而我们也常常在赶往教育这一太阳底下最崇高事业的路上撞倒儿童，因为我们不知道儿童是谁，儿童在哪里，没有站在儿童立场上。不管是自觉还是无意，我们也会"犯罪"——这是站在儿童立场上勇敢的自我发现与自我批判。

斯霞、霍懋征、李吉林……绝不会这样，因为她们有坚定而鲜明的儿童立场。儿童立场既是教师的教育法则，又应成为教师的人格特征。实践与理论、历史与现实都告诉我们，优秀的教师首先是坚定地站在儿童立场上的出色的儿童研究专家；甚至可以说，教育家首先是儿童教育家，说到底是儿童教育家。

所以，儿童立场是神圣的。

3. 儿童立场在故事中

儿童立场不是虚无缥缈的，它实实在在，有自己的落脚点和载体。教育行为是儿童立场的落脚点，也是儿童立场的载体。有什么样的儿童立场，就有什么样的教育行为；不同的教育行为，折射出不同的儿童立场。

一个个教育行为，包括一个个教育事件，其实是一个个教育故事；教育故事是教育行为、教育事件的凝聚。犹如文化是一个故事，教育也是一个故事，是一个个教育行为编织的故事，这一个个故事中透析着儿童立场的密码。

儿童喜欢听故事。走进儿童心灵世界的不一定是知识、概念、道理，而往往是故事。要让知识、概念、道理走进儿童心灵世界，当把这些寓于故事中，故事走进了儿童的心灵世界，正是教育走进了儿童的心灵世界。

儿童本身就是故事。童年是一个五彩斑斓的故事世界，在童年的天空下，是一片故事的田野。从这个意义上说，建构、丰富童年生活就是建构、丰富童年的故事田野。同样，教师要建构、完善、坚守自己的儿童立场，抑或说首先要建构、丰富自己关于儿童立场的故事田野。事实上，一个有故事的教师，一个会讲故事的教师，是一个有魅力的教师。教师的教育故事与儿童立场融为一体，所以端正、坚守儿童立场，不妨从创造与解读儿童故事和教育故事入手。

故事中的儿童立场，更具体，更生动，更易于被理解和接受，同时更易于流传，以影响更多的人。故事中的儿童立场，应成为教师校本研修和培训的课程；关于儿童立场的故事，应成为教师专业发展的一种方式。可以想象，当所有教师都坚持故事中的儿童立场，都有关于儿童立场的故事，这该是一种多么精彩、多么神圣的教育情境与气象。

　　所以，从故事中寻找、明晰儿童立场，这是一种智慧。

二｜经典故事中
　　儿童立场意义阐释的例举

第一个故事　一棵倒长的树

　　一棵树树根向上翻长了，而树枝树干往地下长了，它倒长了。一个穷人家的小孩刨地时发现了这棵奇异的树，压抑不住好奇心，顺着树干往下爬。爬呀爬呀，这棵倒长的树里是一个奇妙的王国，王国里美丽富饶，应有尽有，而且，想要什么，只要一按电钮，就来什么了，这真是一个科学化、现代化的童话世界。可是，这世界不见一个人影，寂静得可怕。当他爬到最下边，也就是树冠顶端的时候，眼前一亮——他看见了一个人，而且是与他年纪一般大的小孩！那小孩坐在金碧辉煌的宝座上一动不动，原来是一个小皇帝。小皇帝没有脚，一双手只剩下右手残存的一根食指。小皇帝看到不速之客，欣喜若狂，告诉他，老皇帝已将整个王国生活都自动化了，需要什么只要按动电钮就能办到，于是老国王把除了他们父子外所有的人全部杀掉，因为王国里已不需要人干活了。小皇帝不喜欢这个华丽、富有却寂寞无比的世界，老皇帝害怕儿子离开，死前就把儿子的脚和9个手指都砍掉，反正只要一个食指就能无穷无尽享受这个世界。小皇帝陷入孤独、痛苦的深渊，央求穷小孩带他离开。于是，穷小孩背着他从这棵倒长的树往上爬，尽管树根外面有着许多苦难和纷争。

故事中的儿童立场

这是个幻想的故事，却是现实世界的映照。对这棵倒长的树，可以有许多角度的解读。比如，可以悟出科学技术的极致有可能带来孤独、恐怖，带来人类的灾难、痛苦。但是，造成这一后果的不是科学技术，而是使用科技的人；人应当是科技的主人，问题是人应当成为什么样的主人。比如，还可以悟出，现代化可以给人带来物质上的任何满足，但只有物质生活，饱食终日、无所事事，绝不能让人得到永久的快乐。

重要的是，我们要站在儿童立场来解读。倒长的树，是一种隐喻和象征，它从儿童的眼光和心理来看世界、看教育，表达他们对成人的控诉与抗议，也表达对真正属于自己世界的呼唤和争取，其中隐藏着许多对儿童立场的认识与理解。

其一，儿童是人，所谓儿童立场，首先是把儿童真正当作人的立场。自由是人存在的本质，失去了自由，人就不是真正意义上的人了。故事中，老皇帝砍掉了小皇帝的脚和手指，正是剥夺了小皇帝作为人的权利和自由，小皇帝已经不是人了，更不是孩子了。值得注意的是，这种剥夺有一个堂皇的命义：爱。这是爱吗？在儿童立场上，爱是对儿童作为人的自由的保护，否则，再多的爱也不是教育，因为这样的爱是一棵"倒长的树"。儿童应当长成真正意义上的树。

其二，儿童发展有自己的规律，所谓儿童立场是遵循规律，促进儿童健康发展。儿童的发展应当向上、向前、向外，犹如一棵树，伸向蓝天，伸向太阳。倒长不是规律，反而违反了规律。违反规律的教育，必然是对儿童成长野蛮、残酷的绑架、残害，从根本上扼杀儿童。倒长的树，伸向的是黑暗和地狱，而儿童应当长成一棵向上的树。

其三，儿童发展要经受锻炼，所谓儿童立场就是要儿童在锻炼中成长。倒长违反规律，应当"顺长"，但"顺长"不是否定挫折和困难，免除苦难与纷争，它需要爱心支撑，还需要意志支撑。只有在风雨中，才能长成一棵坚强的树。

其四，儿童需要完整的生活，要有自己的生活方式和伙伴。所谓儿童立场，就是尊重儿童，尊重儿童的生活方式，满足儿童各种生活需要。儿童脱离了伙伴，就会寂寞无比，甚至恐惧至死。儿童也不能没有自己的精神生活，否则就成了一具物质的躯壳。让儿童去活动、去劳动、去游戏、去合作，他们才会长成一棵健康之树。

这就是故事里折射着的儿童立场。假若还是用树作比，站在儿童立场上的教育，就是让儿童长成好大一棵树。

第二个故事　成为路边鼓掌的人

我国台湾女作家刘继荣多年前写过一篇文章《我想成为坐在路边鼓掌的人》，说的是她的女儿的故事。女儿被同学叫作"23号"，因为在50人的班级里，她的成绩排名经常是第23名。爸妈为此想了很多办法，但女儿的成绩仍是中等，而她的梦想竟然是当一名幼儿园老师，这大大出乎爸妈的意料。可有一次，老师告诉家长说，在语文考试附加题"你最欣赏班上哪位同学，请说出理由"的答案中，除女儿之外，全班同学写的都是女儿的名字。刘继荣回去问女儿，没想到女儿说："我不想成为英雄，我想成为坐在路边鼓掌的人。"

故事中的儿童立场

这个故事很简单，也写得简洁，但内涵相当丰富，意义十分深刻，引发人们很多的想象。这一颇具思想张力的故事，正在表达着对儿童立场的认识与理解。

首先，故事告诉我们，儿童立场关乎教育宗旨。教育的目的究竟是什么？是知识，是分数，还是升学？当然，这些追求都没有错。正如怀特海所说，认知教育总得要传授知识；培根"知识就是力量"尽管有失偏颇，但不能忽略知识的力量。同样，让学生有一个好分数、好成绩、升一所好学校，也无可非议。但问题是：这些是教育的核心吗？是教育的唯一吗？是教育的终极意义吗？答案当然是否定的。教育是为了促进学生素质的全面提升和个性的健康发展，既包含知识、能力，又超越知识、能力，更超越分数和成绩。成绩不能说明一切，分数更不能决定一切，重要的是学生的素质发展。显然，成长比成绩更重要。坐在路边为学生鼓掌，是一种对自己的定位，也是一种素养。此外，教育并不反对精英人才的培养，但绝不能实施精英主义教育，况且，不是所有的学生都要成为英雄，即使成为幼儿园老师，成为路边鼓掌的人，他们都是成功的。所以，所有学生都可以发展自己的智力优势。显然，学生可能性的发现和发展，比名次更为重要。

其次，儿童立场关乎教育对儿童的认识以及由来，它带来的是一种"慢活"，需要慢慢来。慢慢来，是对人的发展规律和教育规律的完整的、准确的把握，是对急功近利、浮躁、浮华教育的抵抗和拒绝。因此，当孩子成绩不太理想时，不能心急，不能焦虑，坐在路边为同学鼓掌，这同样是一种进步。也许，他永远不能跑到队伍最前面，但他永远在队伍中，永远在发展中。教育需要这样的心态。与儿童立场相对抗的是"不要输在起跑线上"。"不要输在起跑线上"，有许多认识上的误区，主要是把教育、人生当成百米赛跑，带来心态的异化、心理的不健康以至阴暗。儿童立场的深意应是，教育的平常心在于教育的顺其自然以及顺其自然中的积极引导，在于学生的每一次参与、每一个进步，都是一次起跑。只要他在跑，他就在发展。这一切都基于对儿童的认识，对儿童发展的认识。

最后，儿童立场关乎教育的方式。不言而喻，教育是一种唤醒，是一种引导，是一种鼓励。杜威把教育比作输电管，而非输水管，其深意在于开发学生的生命能量，积蓄发展能量，这需要鼓励的方式，让学生受到鼓舞。当女儿坐在路边为同学鼓掌的时候，她鼓励的是同学；当班上其他所有同学都认为女儿最为大家欣赏的时候，班上同学认同、赞赏、鼓励了女儿；当女儿回答父母，她不想成为英雄的时候，父母受到教育和鼓舞；当母亲把女儿的故事写成文章的时候，她肯定了女儿，鼓励了女儿，当然也鼓励和鼓舞了所有的人。任何人都需要鼓励，儿童更需要鼓励，鼓励之于儿童犹如温暖的阳光。立足于儿童立场的教育，就是要在儿童前行过程中给以各种鼓励，把阳光洒满道路。儿童怀揣着阳光，就是怀揣着自尊、信心和希望。此时，儿童立场已伸展为一条快乐、幸福之路。

三 ｜ 教师在创造故事中
建构、坚守儿童立场

如前文所述，故事是伟大的，儿童立场是崇高的，而儿童立场往往存活于故事中。因此，教师可以通过故事来建构、坚守儿童立场，无论是实践还是理论，都说明这是一个准确的切入口，也是一个有效的突破口。教师应当是一个会讲故事的人，是一个有故事的人，是一个创造故事的人，这样儿童立场就会萌发、生长。而建基于儿童立场，教师通过体验、感悟、反思、行动，就会成长为智慧教师，成为有魅力的让学生喜欢的教师。

1. 生活就是故事，教师要在日常生活中创造故事，悉心观察和体悟

生活中有许多故事，生活本身就是故事，并且蕴含着深刻的道理。所以，教

师应当开发生活中的故事，使故事成为自己生长教育智慧的资源和途径。一位教师深有体会。一天，她和 5 岁的小芝麻散步，小芝麻问妈妈："妈妈，月亮的样子为什么不一样呢？今晚的星星为什么很少呢？"妈妈正准备给她讲一番科学道理，小芝麻却自己回答说："我看了好多天，月亮很圆很亮的时候，星星就很少；月亮变成小船的时候，星星就很多。为什么呢？"妈妈鼓励她说："是呀，为什么呢？"小芝麻说："因为月亮像小船的时候，是月亮没有吃饱，肚子瘪着，所以星星就会多！等到月亮饿到很瘦很瘦的时候，她实在受不了了，就开始吃小星星，慢慢地就吃饱了，肚子就会变得圆圆的，星星就少了。"妈妈笑着点点头，心想原来"月朗星稀"可以这样解释。以后，这位教师总是陪着小芝麻去散步。这个故事很真实，作为教师的妈妈，其智慧之处在于鼓励孩子观察、大胆提问，而自己耐心倾听，不抢着回答，更不包办代替，不用所谓的科学答案纠正儿童的回答。陪儿童散步是一种生活样态，是热爱生活、观察生活的体现，这样生活中的故事就会跃然眼前。生活一定会开启智慧之门，儿童立场也必然随着故事的创造而生长。

2. 教育细节是故事，教师要在教育现场捕捉细节，创造故事，认真思考

教育现场充满不确定性，正是这种不确定性让教育现场丰富多彩，充满魅力，其中细节往往无处不在，等着我们去发现。一个小女孩因为画不出画来而生气，教师弯下腰看了看白纸，让小女孩在纸上可以随便画什么。小女孩抓起一支笔，在纸上狠狠地戳了个小小的点，教师让她签上了自己的名字。一周以后，那位女孩走进美术教室时，她惊讶地发现老师办公桌的上方挂着一幅画——她画的那个点，并用波浪形的金色画框装了起来。"我还能画出比这更好的点！"小女孩涂啊涂，用好多颜色画出好多的点，还画出了更大的点。几个星期以后，在学

校举办的画展上，这个小女孩画的点引起轰动。这是个真实的故事，名字叫作"一切从'点'开始"。孩子画不出画来生气，这是常常发生的事；教师不仅不责怪，反而鼓励她只要画一个点，并把画挂起来……这都是一个个的细节，教师没有让细节"溜走"，而是敏锐地抓住，细心地开发，于是才有了这个故事。犹如那个"点"一样，教师的智慧也是从一个"点"生发的。的确，细节是教育理念的具体显现，开发细节是教育灵性的闪现。在一个个具体细节的开发中，教师的教育智慧也会慢慢汇聚，儿童立场也会慢慢地凸显。这样，看似偶然的细节，也就成为体现教育规律的必然。我们不难理解，评判教师的儿童立场，可以从关注和分析他们的教育细节开始。

3. 经典中存活着故事，教师要在经典阅读中读懂故事，潜心领悟，逐步提升

经典之于教师智慧生长和专业水平提升的意义和价值，是不言而喻的。但是读经典，是否潜心，是否与自己的心灵滋养联系起来，效果是不同的。比如爱，大家都知晓教育不能没有爱，爱是教育的力量，也是教育的方式。不过，孩子究竟需要怎样的爱，教师怎样施爱，不是所有的教师都十分清楚的。美国心理学家罗洛·梅在《爱与意志》中指出，爱与意志是教育中两个不可或缺的因素，没有爱的意志只能是一种操纵，而没有意志的爱，则是平庸、肤浅的。我看了王周生写于2011年的一篇文章，题目是《桥在水上》，我将其称为经典，是因为我认为经典不完全由时间来裁定。他写在爱尔兰的某一个早上，一位妇女带着两个孩子，让他们去桥上给发着烧、浑身肮脏的流浪汉送早点，孩子邀请没有家的流浪汉到家里去，和他一起玩玩具，三人拥抱在一起……故事的结尾是这么写的："天空越来越晴朗，太阳升高了。桥头的母亲抬手看了看手表，喊道：孩子们时间到了，该走啦！孩子依依不舍地站起来，和流浪汉说再见。可是不一会

儿，两个孩子再次狂奔而来，每人给流浪汉男子手里放了一张纸币。女孩说，妈妈说了，谢谢你陪我们玩得那么开心！男孩说，谢谢你让我们有这么快乐的早晨！……我用眼角遥望对面桥头的母亲，她依然站立在那里，粉红的围巾在飘动。"无须多说，桥在水上，爱在心里。这一经典故事告诉我们什么是真正的爱，如何去爱，怎样教学生去爱……也提醒我们思考：儿童立场在哪里？

4. 实验研究和写作中活跃着故事，教师通过研究创造故事，用心表达对儿童立场的认识

写作让故事沉寂，也让故事沉淀，正是在沉寂与沉淀中，儿童立场从深处显露出来。写作，是对故事的淬化与升华，原来略显模糊的会慢慢清晰起来，原来略显表面的会渐渐深刻起来，原来略显分散的会越来越聚焦。我有一种感觉——因为还没作科学的统计和分拆——文章写得好或者故事写得好的教师，对儿童立场的认知程度总是比较高，行动也比较自觉。而写作的基础常常是教育研究与实践。我曾看到一份资料，俄国大文豪列夫·托尔斯泰对小学生作文进行实验。实验中，托尔斯泰说，所有的学科教学都有可能重复着同样的错误：在教师看来是最简单最普通的东西，对学生来说却是复杂的。多少年以后，托尔斯泰编写了他享有盛誉的作品集《3个故事》。后来他又说："只有当实验成为学校的基础，也就是说，只有当每所学校都是一所教学实验室时，学校才不会落后于普遍的进步水准。"托尔斯泰的写作基于他的实验，在他身上，实验与写作是合二为一的。教师应当这么去做。那么，我们就会自豪地站在儿童立场上，把脚踮得更高，去瞭望未来。

从关注学生现实性走向开发可能性

　　教育常常处在困惑与苦恼之中，而造成困惑与苦恼的往往又是自己。用印度著名哲学家克里希那穆提的话来说，就是我们往往给自己画一个圆圈，于是，"我们从来无法超越这些圈圈，从来看不到它外面的东西……把自己封闭在一个私密的世界里"。是的，当下的教育在不知不觉中，小心翼翼地为自己画了一个圈，筑了一堵墙，这个圈、这堵墙的名字就叫"现实性"——教育只关注学生的现实性，而且是死死地紧盯着学生的现实性，始终没有勇气探出头来，看看墙外有没有更广阔的天地和更美丽的风景。我把这墙外的天地和风景叫作学生的"可能性"。

　　问题的关键在于，不少人认为，学生的"可能性"几乎就是"不可能"的代名词。当你说"不可能"的时候，这整件事就成了定局：你自己把自己封闭住了。但如果你说这是可能的，你就会面对如何在心理上带来革命这件事。的确，我们应该来一场这样的革命：教育要关注学生的现实性，更要关注学生的可能性。这完全是可能的。

一 | 人是一种可能性，
教育的领域首先是超越的领域

教育是培养人的活动，教育的过程就是不断认识人、发现人、开发人的过程。对人的认识、发现与开发，是教育的起点，也是教育的归宿。教育评价的最根本标准，应当是看其对人的认识、发现和开发的程度与水平。为此，教育要对自己不断地提问与追问。

1. 对"人是谁"的提问与追问

人几乎是无法定义的，但无法定义并不等于不可解释、不可探索和不可揭示。

美国心理学家罗杰斯曾经有个命题："成为一个人意味着什么？"他认为，成为一个人是变成自己的过程，这一过程首先是从面具后面走出来。我从中得到了极有价值的启发，那就是抛开人的现实的"面具"，掀开对人的可能性的遮蔽，让可能性成为人的最基本、最重要的规定性。其实，人的存在首先是可能的领域，一旦去掉可能性，人就不存在了。与现实性相比，可能性更深刻地揭示人的意义。鲁洁教授对此作了非常精辟的概括："世界上一切存在都只能是'是其所是'，而唯有人这种存在不仅是'是其所是'，而且还可能是'是其所非'……他既是预成的，又是生成的；他既面对着一个无可选择的先在前提，又具有向世界、向历史无限敞开的可能性……"从这个意义上说，可能性就是人的规定性。

尼采认为，人是"尚未定型的动物"。由于未定型，人才非常积极地寻求意义，而寻求意义的过程充满着各种可能。正因如此，尼采认为人是一个实验，而实验的目标就是：更坚强的生命本能，更广阔地超越自己。说到"尚未定型的动物"，必然要把人与动物作一比较。德国当代人本心理学家弗洛姆说，人的诞生带了许多与动物截然不同的新特性，尤其是"具有超越自身种种感官的局限而无限飞升的想象力"。尼采和弗洛姆不约而同地揭示出人生存与发展的可能性，而这种可能性突破人自身感官的局限，具有无限的超越性。从这个意义上说，可能性是人的超越性。

的确，自然把尚未完成的人放到世界之中，它没有给人作出最后的限定，在一定程度上给他留下了未确定性。这种未确定性，揭示出人有巨大的潜能。20世纪初，有学者认为一个正常健康的人只运用了其能力的百分之十，后来又有学者认为不是百分之十，而是百分之六，而美国心理学家奥托在《人类潜在能力的新启示》中说，"据我最近估计，一个人所发挥出来的能力，只占他全部能力的百分之四"。可见，人是未确定的，是有巨大发展可能，这种发展可能性来自人本身所蕴藏着的巨大潜能。从这个意义上说，可能性是指潜能的可开发性。

2. 关于学生——未成年人的提问与追问

可能性是人的最伟大之处，更是学生的最伟大之处。正待开发的巨大可能性应当是学生与成年人最重要、最显著的区别。因此，加拿大教育学家马克斯·范梅南在他的著作中开宗明义地指出："何谓儿童？看待儿童其实就是看待可能性，一个正在成长过程中的人。"

我以为，学生的可能性就是"还没有"和"将要是"。何谓"还没有"？一是还没有成熟。学生处在身心剧烈发展、变化的关键时期，肯定是不成熟的。不成熟正说明身心内部有一种巨大的成熟欲望并由此产生力量，这种力量不断向外奔突，企图冲破一切对他的限制和束缚，这就是生命的力量。这样的奔突，自然会制造一些麻烦，也会产生成长的烦恼。这些都是非常正常的，是"成长的体征"。从这个意义上说，可能性是学生的成长性。二是还没有确定。未成年人一切都在变化中，一切都在寻找中，一切都在培育中。因此，对学生的任何评判都需要耐心等待，需要小心翼翼，甚至是谨小慎微。其实，不确定才有发展和创造的机会和空间，对学生来说，可能性实质上是创造性。三是还没有完成。成熟和确定并不意味着完成。人是不可能完成的，学生当然更是未完成的，因而学生应该有更多和更大的追求。未完成性让学生生活在理想甚至梦想之中，生活在永远的追求中，课堂、学校和教育应当永远伴随着学生的成长。从这个意义上说，可能性是学生的终身发展性。

何谓"将要是"？可能性预示着未来，它是对学生未来的预测和把握，也是对学生发展的召唤和期待。一切现实性都只是学生发展的起点而非终点，学生的发展不应以现实中的一得一失作为成功与否的标志，只有"将要是"才应是学生追求的目标和动力。从这个意义上说，可能性是一种未来性。

3. 对"教育是什么"的提问和追问

在讨论"人是谁"和"学生是谁"以后，"教育是什么"这一命题便可迎刃而解。人作为一种可能性存在，决定了人有受教育的可能。教育抓住了人的可能性，也就抓住了人的根本；教育的领域也正是可能的领域，教育就是把人引向更高的可能性。这是教育的本质、教育最伟大的使命，也是教育的最大奥秘和魅力。

可是，我们常常被"此在"的现实所蒙蔽。关于人的潜力开发，有"摩西老母效应"和"短路理论"。美国著名艺术家摩西老母，在暮年才发现自己有惊人的艺术才能，这就是"摩西老母效应"：许多人到了垂暮之年，才忽然发现自己有这样或那样的能力，而这种能力过去从未被发现。此外，还有"短路理论"：

如果我们不去唤醒自己的潜在能力，这些能力就会自我衰退，甚至消失。遗憾的是，面对正在成长的学生，教育常常会"短路"。所以，打开现实性和可能性之间的通道，实现教育的"跨越"，是教育面临的一个艰巨而紧迫的任务。

二 │ 当下的教育停留在现实性上，
│ 遮蔽了可能性的光辉

当下的教育是以现实性为中心、以学生现实表现为唯一评价标准的教育。

教育应当重视和关注学生的现实性，培养学生良好的行为习惯、良好的现实表现和良好的学习成绩。这是学生进步和发展的重要标志。放弃对学生现实表现的关注和培养，是教育的失职。

当下的问题是，不，长期以来的问题是，教育只聚焦在现实性上，而且死死地盯在现实性上。这种以现实性为中心、以学生现实表现为唯一评价标准的教育，使学生的可能性被声势浩大的现实性所湮没，教育的可能性也被彻底地搁置起来，由此造成教育的诸多弊端和严重后果。我们完全可以作这样的基本判断：教育中可能性的缺失，是产生教育弊端和严重后果的根本原因之一，是教育的失误，也是教育的失职。说其造成目前应试教育的悲剧，不是言过其实，也不是危言耸听。

作些分析，可以发现现实性对可能性的遮蔽，一般存在两种情况。一是现实性对可能性的否定与排斥。在陈旧的传统教育观念中，我们既看不到学生的可能性，又不承认学生的可能性，即使勉强承认，也总是认为可能性是未来的事，教育的任务是当下，是现在，是学生的现实表现。这种对可能性的否认与排斥，实质上是对学生作为人的本质规定性的否认与排斥。在这种教育理念和框架中，学生的发展成了一种奢谈，至多是一种口号。二是以现实性代替可能性。陈旧的传统教育也许或多或少地想到学生的可能性，但总认为那是遥远的事情，虚无缥缈，不可操作，而现实性才是真真切切、实实在在的。于是，一切以学生的现实表现，尤其是具体的学习成绩作为评判学生进步与退步、好与坏、有出息与没出息的唯一标准，使学生的可能性失去色彩，流于苍白无力。

当下，现实性几乎成为教育的唯一，成为教师的唯一，成为学生的唯一。由此，教育的未来几成泡影，学生的理想只能活在偶尔的梦想之中，有时甚至连梦想也被重重压来的"现实"所击碎。仔细想想，只关注现实性，让多少牛顿、达·芬奇们悲怆离去！

三 | 着眼可能性，着力现实性，建构以开发可能性为中心的教育

"长期形成的风俗习惯，'粘住'或'冻僵'了不少人。提高个人潜力，并不是要推翻所有这些风俗习惯，而是在认识它的束缚性的基础上，迈出新的一步。"美国心理学家奥托的这段话，似乎是专门为讨论可能性而说的。的确，教育千万不能被"现实性""粘住"，因为这种以现实性为中心、以学生现实表现为唯一评价标准的教育，"冻僵"了我们对教育理想的追求，侵害着教育的肌体。教育改革的任务，就是从"粘住"中摆脱出来，从被"冻僵"的状态中醒过来，跨越现实性构筑的樊篱，追求并建构以开发学生可能性为中心、以创造性为重要评价标准的教育，回归教育的本义与真义。

1. 追求和建构以开发学生可能性为中心的教育

第一，把关注学生的现实性与可能性结合起来。这种结合是关系的调整，即立足学生的现实性，着眼于他们的可能性。立足学生的现实性是基础，否则教育会变得虚空以致虚无起来，不仅家长与社会不认同，教师也无法操作。但我们要切记，"立足"不能取代"着眼"，着眼于学生的可能性才是教育的最高境界。所以，教师要从学生的现实性中寻找和发现学生发展的可能性。寻找和发现的过程本身，就是教育的过程。在寻找和发现以后，教师应通过各种方式，指出学生未来发展的最大可能和最好可能，并和学生一起为这种可能性的实现而共同努力。当然，寻找和发现是一个漫长的过程，来不得半点儿急躁；它是一件最复杂的事情，来不得半点儿轻率。同时，这种"指出"必须小心谨慎，仅仅是一种建议，有时甚至完全可以不必"指出"，而是只为学生的未来发展作些暗示，悄悄地埋下一颗种子。

第二，努力把学生的可能性逐步开发成现实性。可能性与现实性不是截然割裂的，它们总是以各种方式联结在一起；可能性与现实性的区分，并不是十分明显的，往往交织在一起；更为重要的是，可能性常常潜伏在现实性中。所以，可能性的"还没有"，绝不意味着不可能，"将要是"很可能依傍着现实性。美国心理学家马斯洛早就指出："潜能不仅仅是'将要是'或者'可能是'；而且它们现在就存在着。自我实现的价值作为目标存在着，而且它们也是真实的，尽管还没有现实化。"因此，教育绝不能急功近利，但也绝不能坐等"可能"的到来，而是要积极引导学生向着"可能"的方向去努力。一个具有强烈问题意识、好奇心和丰富想象力的学生，就是一种真实的存在，他的大创造、大发明也许在若干年以后，但他完全可以在当下的实践活动中表现出自己的萌芽来，那些小创造、小发明、"小表现"正是未来可能性在当下的实现。对这些小创造、小发明、"小表现"的保护，是对可能性的保护，也是可能性变成现实的起步。

第三，努力把不可能转化为可能。社会上的许多事，在一般人看来是不可能的，但社会的进步告诉我们，不可能的事往往是可能的。问题的关键在哪里？因为很多人总是从"把自己封闭在自我中的主观性出发"。要解决这个问题，就必须解放自己。因此，教师要做一个解放者，解放自己的思想，解放儿童的心灵，把看似不可能的事经过努力使之成为可能。教育实践中已有不少的事例证明，教育是可以改变事实的，是可以改变一个人的。从本质上讲，教育促进人的发展，就是一个不断地把不可能变成可能的过程。教师应当有这么一份坚定的信念。

2. 追求和建构以开发学生可能性为中心的教育要着力于教育方式的转变

既然可能性是"还没有""将要是"，那么开发可能性就不能囿于现成的教育方式。现成的教育方式对开发可能性不仅是无效的，而且可能是有害的，而与开发可能性相适应的方式应当是创新的。创新的方式不仅能促进对可能性的关注和开发，而且每一种创新的方式都构成一种可能性。

一是给学生以人的尊重，让可能性在尊重与鼓舞中激活。在应试教育的逼迫下，学生常常生活在压抑、紧张和恐惧之中，他们的自我意识在悄然消逝，可能性也逐渐死去。但事实上，人最终不是被浇铸成或塑造成人的，而是在教育和环境的作用下，激发自己生命的力量而成长为人的。生命的力量，只有在人得到尊重、激励和鼓舞时才会被激活，可能性也才会处在活跃的状态。因此，尊重是人性的起点，也是教育的起点，是开发学生可能性的起点。显而易见，把学生真正当作人，要从尊重学生开始。正是在尊重中，学生的可能性才会被发现、被认同、被开发，成为最大的可能。

　　二是给学生以梦想的机会和权利，让可能性在理想中被激活。德国教育家雅斯贝尔斯指出：教育要有对终极价值和绝对真理的虔敬，要有"绝对"的热情，否则，"人就不能生存，或者人就活得不像一个人，一切就变得没有意义"。这个"绝对"就是人对理想的不懈追求。而对理想的追求，实质上就是对理想生活的追求，即对可能生活的追求。一如德国诗人歌德所说："生活在理想世界，也就是要把不可能的东西当作仿佛是可能的东西来对待。"正是这种"理想性"激活了可能性，使人的生活超越了现实性的规定。未成年人喜欢憧憬，喜欢梦想。憧憬与梦想，是一种激发剂。正是在憧憬、梦想和追求中，可能性才会活跃起来，得以表现，得以开发，得以发展，不断超越现实，追寻一个更新的世界。

　　三是给学生以时间，等待学生的可能性被唤醒。德国哲学家海德格尔一直追

寻生存的意义，在他的时间观里，"将来"占据首要位置，认为"将来"现在就存在着——作为可能性存在着。事实确实如此，没有时间，人便成了一个"死"的东西；唯有时间，才使可能性存活着。海德格尔这一论断给我们的启示是：教育需要等待，不能因为学生"此时此刻"表现得不理想，就认为他将来是不行的，是没出息的。等待是对可能性的保护、尊重和信任。在等待中，学生的可能性会伴随自身的成熟而被唤醒。作为教育者，要善于捕捉学生可能性被唤醒的"偶然时刻"，一旦捕捉到，就会影响甚至改变学生的一生。

四是给学生以自由，让可能性在选择中得以开发。人的一生都在选择，只有不断选择，才能不断造就自己。给学生以选择的自由，就是让他们的可能性在选择中被检验、被证明，进而被开发。正是在选择的自由中，学生的心灵才能敞开，智慧大门才能随之敞开。当下的教育仍然是以"统一性""标准化"为主，学生缺少选择的自由，因而可能性被逼到无法生存的地步。可喜的是，新一轮课程改革正在逐步改变这一状况。我们盼望，立足学生的现实性，以开发学生可能性为中心的教育，能早日到来。

尝试教育的前在理论

邱学华的"尝试教育"，其理论框架与操作体系越来越完善、缜密，越来越为广大中小学教师所认可和接受，并在实践中不断丰富、提升。尝试教育之所以能够成功，其中有个重要的理论假设，就是这个理论假设让其站在科学的高地，用理论指导研究。这个理论假设就是从儿童出发，以儿童的自主学习为主题，它是一个关于儿童发展的假说。

其一，儿童有巨大的可能性，尝试可以让可能性得以显现和实现。哲学告诉我们，人都有自己的伟大之处，这就是人的可能性。儿童更有自己的伟大之处，用陶行知先生的话来说，"孩子人小心不小，你若看小小孩子，便比小孩还要小"；用加拿大教育家马克斯·范梅南的话来说，"对待儿童就是对待一种可能性"；用俄罗斯诗人沃罗申的话来说，"儿童是未被承认的天才"。尝试教育正是通过让儿童尝试，唤醒、激发其内在的可能性，让可能性得以呈现，逐步成为一种现实的表现。正是尝试，让教育的目光投向儿童的可能性，并成为开发儿童可能性的重要理念和手段，成为从可能性推向现实性的孵化器。反之，如果不让儿童尝试，那么儿童的可能性就有可能永远沉睡，最终消逝。因此，儿童这一"未被承认的天才"是在尝试中得以被承认的。基于这样的假设，教学总是从儿童尝试开始。"在尝试中学习，在尝试中成功，在尝试中创新"，邱学华的这一判断才得以成立和实现。

其二，探究是儿童的天性，尝试可以呵护并发展儿童的这一天性。苏霍姆林斯基说得非常恳切，从心情上说，儿童是探究者。蒙台梭利则说，儿童是上帝派来的密探。探究让儿童成为哲学家，因为哲学是源于对周围世界的惊疑；探究让儿童成为科学家，因为儿童可以进行意义层面的科学研究。有人曾作过一个实验：给坐在地毯上玩玩具的一岁半的儿童一只装满水但未加盖的奶嘴瓶，他随手把奶嘴瓶放在地毯上，倒了。过一会，这位儿童突然用手指捻了起来——手湿了，又向地毯四处张望——地毯上也湿了。他拿起奶嘴瓶，把口朝下，水哗哗地流了下来，他咯咯地笑了。科学家分析，这是一个较为完整的科学实验：发现问题——手指和地毯湿了；提出假设——奶嘴瓶的水流了出来；进行验证——水哗哗地流了下来；得出结论——咯咯地笑了，验证成功。诸如此类的案例在尝试教育中不胜枚举，足以证明其是建立在儿童天性——探究这一假设上的。尝试正是对儿童探究本性的满足，并促使其实现和提升。

其三，错误、失败是儿童发展的正常现象，尝试是对儿童错误资源的积极开发。儿童在发展、学习中发生错误以至失败都是正常的，如陶行知先生所言："儿童不但有错误，而且常常有着许多错误。由于儿童年龄上的限制，缺乏经验，因而本身包含着错误的可能性。因此教育的任务除了积极发扬每个儿童固有的优点之外，正是要根据事实，承认他们的错误，从而改正他们的错误。"阿莫纳什维利曾经专门论述过儿童顽皮。他认定顽皮的儿童是一些"机智、头脑灵敏的儿童""乐观愉快的儿童""具有强力的自我发展、自我运动倾向的儿童""有幽默感的孩子"，是"积极的幻想家"。接着他说，"顽皮的儿童可能会受处分，但他们更需要鼓励"。他还坚定地认为，"没有儿童的顽皮，没有顽皮的儿童，就不能建立真正的教育学"。尝试教育正是针对和利用儿童易犯错误的特点，把错误以至失败当作资源来加以开发，并使错误在尝试中转化为正确，把失败转化为成功。可以作这样

的认定：让儿童尝试是对他们最重要的、最大的鼓励。还可以作这样的期待：尝试
教育可以丰富以至改写教育学，或者说可以建构一本新的教育学。

　　以上三个方面的理论假设，让尝试教育获得理论支撑，研究包括教师的尝试
是理性、科学的，也是让人充满乐观期待的。如果作些概括的话，尝试教育所有
的理论假设都建基于对儿童的研究，建基于对儿童的认识、发现，因而尝试教育
不只具有教学论、方法论的意义和价值，而且具有对教育的对象和主人——儿童
研究的意义和价值，具有教育本体论的意义和价值。

　　一切改革的尝试，聚焦于教师的儿童观，有什么样的儿童观就有什么样的课
程观、教学观和教育观。优秀的教师应当是优秀的儿童教育专家。因此，教师不
妨让自己的专业发展，也有重要的理论假设和理论追求。

在《童年的月亮爬上来》的背后

我很喜欢《童年的月亮爬上来》。这是一堂有创意的课，总觉得童年的月亮也悄悄地爬上了我们的心头，升在湛蓝的"心空"。

教有关月亮的课文的不在少数，各有各的定位，各有各的风格。应该说，不同的定位并没有好坏之分，但肯定有高低之别。高与低的区别主要在对月亮文化意义与审美价值的认识、阐释和教学的追求及其实现上。月亮并无年龄的规定，却可以赋予其年龄的象征。周益民的教学主旨不在"月亮"，而在"童年"，但是把"童年"依附在"月亮"上，却别有一番意蕴。显然，此时的"月亮"是儿童眼中的月亮，是对儿时月亮的回望，是对月光下童年生活的复现与追忆，甚至可以认为月亮是儿童的代意词。这样，教学的价值指向儿童对月亮象征意义的理解与想象，月亮带给我们关于童年生活的反思。当下的儿童已失去了真正的童年生活，稍大点的已失去了对童年生活幸福的回忆，他们不知道蚂蚁的家在哪里，不知道蜜蜂为什么而忙碌，再也不会用苇叶放在嘴里吹奏，再也不会把木块做成心爱的手枪，无暇仰望星空、追随月亮。在这样的生存状态下，月亮的圆缺、月亮的乡愁、月亮的思恋虽很重要，对儿童来说已在其次，重要的是通过对关于月亮的童诗、童谣的朗读与讨论，在"拜月亮"中激起快要泯灭的童趣，让儿童沉浸在遐想的欢乐之中。此时，儿童才像儿童，才能真正过一回儿童自己的生活。教学中"月问"的设计，让儿童问的其实不仅仅是月亮，更重要的是敞开心扉，与月亮有一次美丽的约会、一次真诚的对话、一次顽皮的游戏，是让月亮问问儿童：你们还好吗？儿童与月亮融为一体，已分不清哪是月亮哪是儿童。月亮被标上了儿童文化的色彩，于是真正成为"童年的月亮"，爬上儿童的心头，映照着一颗颗童心。

值得注意的是，月亮的这种儿童文化意义的赋予又搁置在审美价值上。康德把美与崇高联系在一起："我们把绝对的大的东西称为崇高。"车尔尼雪夫斯基也有同样的论述，他说："一件东西必须出类拔萃，方称得上美，这是千真万确的。"他进一步论述，"假使认为美学是关于艺术的科学，那么它自然必须论及崇高"。所以，美、审美应该与崇高相伴。儿童与月亮的话题极易上得生动、有趣，但很可能缺少崇高感。周益民在教学中，从"用'O'来代表月亮"，引申出在人们心中月亮是"独一无二"的，引申出"故乡概念放大"后的"中国月

亮"，以及"嫦娥一号"，让儿童心中悄然升起民族的自豪感，在轻松中有了崇高感，在笑谈中有了庄严感，那种被康德称为"大的东西"在儿童心灵中生成、升腾起来，是真正的审美教育。《童年的月亮爬上来》追寻的，正是这种关于月亮的儿童文化意义与审美价值。这可能是周益民的思考之一。

周益民的思考似乎还在深入。他还在思考什么？他在《课后"写在前面"》中说："隐藏在课堂背后的，则是我对语言与人之存在关系的一点思考。"问题很清楚，他关注童诗童谣，关注语言，但更关注童诗童谣和语言中的"人之存在"。或者说，关注语言不是他的终极目的，其终极目的是语言中的人，抑或他关注语言是如何让人生存的，人在生存中如何依凭语言去创造。这就使他的教学具有哲学上的思考。

关于语言与人的关系，海德格尔早就有精辟的论述："语言是存在的家。"他的进一步解释是：言说"近乎生存的揭示"，"人这个在者正是以说话的方式揭示世界也揭示自己"。在"诗"的层面上，同样如此。海德格尔认为，诗人"以他自己的方式即诗的方式，把他经受的语言之体验形诸语言"。[1] 一部人类文化史告诉我们，开始的语言几乎是诗。维柯就有如此的论述，原始的民族，"由于一种……本性上的必然，都是些用诗性文字来说话的诗人"。中国文化更是一种"诗性文化"[2]。周益民选择关于月亮的诗与歌谣来教，显然是让儿童在诗与诗性文化中认识自己、发现自己、提升自己。

首先，周益民让儿童诵读正在远去的传统童谣，让他们与月亮婆婆、月亮姑姑、月亮姐姐交谈，交谈中有点儿顽皮，有点儿撒娇，显出一个个真正儿童的可

---

[1]［德］海德格尔．人，诗意地安居——海德格尔语要［M］．郜元宝，译．桂林：广西师范大学出版社，2000.

[2] 刘士林．中国诗性文化［M］．海口：海南出版社，2006.

爱。从主旨出发，周益民指点的是诗谣中的"我"，且进行文学小研究：儿童看月亮有什么特点？儿童把月亮当什么了？这些称呼给人什么感觉？他完全站在儿童立场上，以儿童眼光来观察，以儿童方式来提问。在诵读与研究中，儿童发现的不仅仅是月亮，而是月亮与"我"、月亮中的"我"。这种对"我"的认知与追寻，正是对童年的追溯，是对儿童好奇心、想象力的开发。

其次，让儿童创编关于月亮的儿歌。因为有了传统诗谣和"月问"的基础，又有了儿童画《我上月亮荡秋千》的启发，儿童用自己的语言现场编作了五首儿歌。他的点睛之笔在："通过童谣的创编与研究，我们发现，在孩子眼里，月亮——"让儿童在想象中归纳、小结"月亮是我们的亲人"，仍然回到"人"的主题上。周益民的用意在于，诗人言说自己，我们也是小诗人，也应当言说自己，表达自己的情感体验，在"形诸语言"中"揭示世界也揭示自己"。

最后，教学往"大诗人"上推移，诵读彭邦桢的《月之故乡》和李白的诗句，"成人和孩子眼里的月亮是不完全一样的"，"成人的月亮与我们孩子的月亮也并不是完全相对的"，但"人即使长大了仍会记得童年的时光，记得童年的月亮"，"童年的幻想成了成年后的动力与资源"。于是，无论是儿童还是成人都在语言中确认了自己，用语言表达了自己，提升了自己。《童年的月亮爬上来》想揭示的正是这样的理念：让语言在人的创造中成为一种图景，获得生命，让人在语言的言说中成为一种价值存在；语言的自觉实质上是人的自觉，语言的实践是人的问题。这可能是周益民的思考之二。

以上两个方面归结起来，周益民希望通过这堂课的探索与研究，对自己"诗化语文"的命题作出更深入的思考，有更准确的把握。我是非常赞成"诗化语文"的，倒不是它要变成另一种语文，也不是标新立异、夺人眼球，更不是故弄玄虚，制造一个概念，而是对语文本质的深刻追问和对语文教学现状的严肃反思。说老实话，命题提出至今，不少人仍存有疑虑：所有的语文怎么可能都"诗化"呢？"诗化"会不会虚化，使语文华而不实而丢弃语文独当之任呢？应当承认，这些疑虑与忧虑不是没有道理的，正如美国科学哲学家托马斯·库恩在讨论"范式"概念时所说："术语会误导读者。"因此，有必要对"诗化语文"的规定性作出比较清晰的解释。

我们可以先讨论一下"诗"。"诗化语文"离不开对"诗"的理解。大家曾对诗有过许多精深的论述。非常有意思的是，美国诗人弗洛斯特说过这么一句令人不断回味的话："诗歌就是翻译中失去的东西。"因为"诗是连接人、社会、宇宙的心"（池田大作语），"诗不是属于现实部分的事实，而是属于那比现实更高部分的事实"（高尔基语），显然，诗旨肯定和艺术联系在一起，"艺术的本质是诗"（海德格尔语），在古希腊语里，诗学的本义是指创作或塑造的艺术，而艺术与审美"带有令人解放的性质"（黑格尔语）。所以，千万不要把诗只当作一种语言形式，只当作一种华丽的词藻、浪漫的情调、斑斓的色彩。

我们再讨论一下"诗化"。加拿大教育现象学者马克斯·范梅南曾对诗化作过一种解释，他说："所谓诗化不仅仅是诗歌的一种形式，或一种韵律的形式。诗化是对初始经验的思考，是最初体验的描述。"我以为，"诗化语文"就是让语文在教师的召唤下，在儿童的自主建构中"呼出时代和生命的真实感——这就是诗的本质"（卢荻语）。

更为重要的是诗与语言的关系。法国启蒙主义时期学者尔格·哈曼强调，"诗是人类的母语"，有学者还指出，语言的源头是诗。诗、诗化，离不开语言，离不开母语；诗、诗化正是从另一个层面，或者说从"根"上关注母语，关注语言，关注中国的诗性文化与诗性智慧。

以上的讨论，实际上是自我追问与思考，进而追寻"诗化语文"的理论依据。我们所讨论的是"诗化语文"的基本思想，这些基本思想应该成为"诗化语文"的基本规定性。回过头来看这些基本思想和规定性，在《童年的月亮爬上来》的教学中得到体现和落实，即聚焦在月亮被赋予儿童文化的意义、审美的价值，以及在童诗童谣里发现人、发现儿童上，语言真正成为儿童的家。

童年的月亮，让我们进入诗化的境界；《童年的月亮爬上来》，让我们眺望那灵动的教育智慧。

美丽如初的约定

我特别喜欢幼儿园，尤其是幼儿园里的声音。幼儿园的老师和孩子们说话，像是在唱歌，轻轻的、甜甜的、绵绵的；而孩子们唱歌，又像是在说话，叮当叮当，像是小溪流，啾啾啾啾，像是青青小草里的小虫，还像是林子里刚刚醒来的小鸟。幼儿园的声音真动听。

江苏省省级机关实验幼儿园里的声音更丰富。不过，她把丰富的声音汇聚在一起，有了一个动听的名字，叫作"美丽如初"。美丽如初，是说美丽永远不会变，永远不会淡去，更不会老去，因而如初的美丽更可爱，最鲜艳，也最美丽。这种永远的美丽属于幼儿园的老师，属于省级机关实验幼儿园的老师。

其实，省级机关实验幼儿园老师的如初美丽，源自孩子。孩子最真实，最真诚，像是上帝派来的小天使，他们是如初的美丽。但不是所有的教育，也不是所有的幼儿园都能让孩子美丽如初。省级机关实验幼儿园的老师，对孩子的教育首先是一种从心底里发出的爱，永远让爱走在教育的前头，永远在爱的照耀下去寻找和发现，寻找童年的秘密，发现儿童成长的密码。爱孩子的人，就会有一颗童心。童心可以超越年龄，也属于省级机关实验幼儿园的老师。就这样，在这所幼儿园里，爱心与童心牵手，童心与爱心相呼应，爱心的"心"与童心的"心"在相应，这样的教师怎能不美丽如初？

　　爱是可以表达的，也是可以传递的。省级机关实验幼儿园的老师也把教育之爱准确地传递给家长。家长当然也有爱，不过老实说，他们的爱有时会盲目，有时会随意，有时会有那么一点不客观、不科学。但是，当教育爱与"母爱"相约、相遇、相融合，家长也会成为伟大的教育家，在每个家庭里诞生孩子成长、发展的奇迹。因而，不管是年轻的爸爸妈妈，还是年老的爷爷奶奶，他们都是美丽如初的。甚或将来爸爸妈妈成了爷爷奶奶的时候，他们仍然会永远美丽如初。

　　于是，省级机关实验幼儿园就有了一个约定。它的主题是为了孩子的健康成长、幸福生活。孩子的健康比什么都重要，孩子的幸福在当下首先是一种快乐，这种快乐将会让他们有一个走向未来的最好心态。不过，这样的健康与幸福并不能轻而易举地获得，其间有许多困惑甚至烦恼。比如，孩子是天使，但他们绝对需要被严格要求与训练，从而养成良好的行为习惯。那要怎么办呢？让我们来个约定吧：爱心＋严格，童心＋引导。

　　在省级机关实验幼儿园，约定是对孩子教育的一种承诺，是对孩子发展的价值承诺，是教育过程中合作时对规则的承诺，也是教师与家长对孩子的共同承诺，更是对社会和未来世界的承诺。当然，约定是期待中的坚守，是坚守中的努力，是努力中的幸福和美丽。

　　我们应该牢牢记住：摇动摇篮的手是可以推动地球的。这是多么神圣的约定！这是如初的美丽——永远不会淡去，更不会老去的美丽。这种美丽，如花一样开放在省级机关实验幼儿园里。

　　所以，我最想说的是：江苏省省级机关实验幼儿园美丽如初。也许，这是幼儿园最动听的乐音！

在亲历中应和儿童成长的节拍

南京市实验幼儿园的老园长、特级教师陈国强退休后写了一本书，书名是《应和儿童成长的节拍：亲历综合教育课程建设》，我们从心底里感到高兴。

是的，陈国强应该出自己的书，因为她为南京市实验幼儿园的发展，为综合课程的开发与实施，花了很多心血。她把自己的整个身心，把自己的青春，把自己的智慧献给了南京市实验幼儿园，献给了可爱的孩子们。这些文章，是她教育人生历程的印记。一个个印记，串起她的人生，折射出她的思想和情怀，其中有经验，有见解，有体会，还有她的才华与智慧。一个个印记，是她自己发展的节拍，是她生命的节律、创造的节律、青春的节拍，也是她作为"儿童"的节拍。如今，"儿童"的节拍与儿童的节拍应和在一起，编织出最美妙的幼儿教育旋律。用"应和儿童成长的节拍"作为书名，意蕴深刻，它透射出陈国强的幼儿观、幼儿教育观以及人生观。

儿童成长的节拍是什么？儿童成长的节拍在哪里？如前文所述，儿童成长的节拍是儿童生命、创造的节拍，它在儿童生活的方方面面，其中最为重要的是在幼儿园的课程里。值得注意的是，儿童是一个整体，他们的生活是不可分割的，为儿童发展服务的课程也应是综合的、统整的。但长期以来，幼儿园的课程常常被割裂，这让儿童面对的必然只是知识的碎片，使儿童的生活被肢解，呈现的不是完整的世界和生活的图景，其结果必然会使儿童发展被割裂，甚至碎片化。于是，陈国强和她的团队在南京师范大学赵寄石等教授的指导下，研究、开发了综合课程，形成综合课程体系，成为幼儿园课程中一个极有影响的流派。无论是在实践上还是在理论上，它都具有很高的价值。这是大家共同努力研究、创造的成果，而陈国强在其中起着十分重要的作用。她经历了综合课程研究、发展的过程，有辛苦也有收获，与综合课程共同成长。书用"亲历综合教育课程建设"作副标题，充溢着亲切感和幸福感。陈国强亲历的过程也生动地告诉我们：幼儿园的园长、教师都要在改革、研究的实践中亲历、成长，改革、研究、实践是教师成长最丰厚的土壤。所有人都应在亲历中，去应和儿童成长的节拍。

陈国强有自己的性格，阳光、坦诚、开朗，她的脸上总是满溢笑容，发出爽朗的笑声。这不只是一个性格问题，还在于她有一颗真诚的心。一是她的情怀。陈国强有着丰满的情怀：对祖国的爱，对教育事业的爱，对儿童的爱。炽热的情感，让她永葆热情和年轻。二是她的精神。陈国强很拼，刻苦、勤奋，任劳任怨，踏踏实实，总是在敬业中奉献，在奉献中成长。这种精神，让她永不停歇地前行。三是她的思想。陈国强对事业、儿童、课程、教师、管理等形成了自己的看法和见解，这些见解逐步汇聚成她的教育观点以至教育思想。在许多问题上，她是站得高的。四是她的专业。陈国强有专业的修炼，学习、思考、实践、研究成为她专业生活的内容和方式，尤其是专业理论水平的不断提升，让她和幼儿园共同走向内核，走向深处。正因如此，她虽显得瘦小，但内心很强大，所以叫"国强"是名副其实。

君特·格拉斯将回忆比作一颗要剥皮的洋葱："我累了，只有回忆能让我保持清醒。回忆就像洋葱，每剥掉一层都会露出一些早已忘却的事情，层层剥落间，泪湿衣襟。"我不知道陈国强是不是泪湿衣襟，但深信，她内心有一股热浪在涌动，那就是一个大写的"爱"字。

小天鹅：艺术教育的超越与飞翔

听说很多人喜欢小天鹅幼儿园，我想也许是因为这所幼儿园的名字美吧。是啊，小天鹅美丽、纯洁、高雅、天真，这所幼儿园也一定会像小天鹅一样光彩四溢。后来我才知道，不是幼儿园的名字给她带来很高的声誉，而是幼儿园以其优秀的教育让小天鹅名副其实。赞美小天鹅，实际上就是在赞美幼儿园。其实，小天鹅已和这所幼儿园融为一体，成为这所幼儿园的文化形象，成为这所幼儿园的吉祥物，具有了隐喻意义。于是，我们赞美小天鹅，就是在赞美这所幼儿园的美好。

这所幼儿园就是南京军区政治部小天鹅幼儿园。

小天鹅幼儿园创造了怎样的优秀教育？这早已闻名遐迩，即艺术教育。这所幼儿园让所有的幼儿在"天鹅故乡"的田园里"翩翩起舞"，在"快乐节日"里编织"绚丽童话"，于是她成了"艺术殿堂"。的确，小天鹅幼儿园洋溢着艺术的气息，幼儿可以在艺术的世界里呼吸，心灵就像生出翅膀一样飞起来。

幼儿需要艺术。不仅如此，更为重要的是，幼儿是天生的艺术家，具有"本能的缪斯性"。艺术教育就是顺应他们的天性，就是回归他们的天性，开发他们的艺术创造潜能。小天鹅幼儿园的这条艺术教育之路，是一种智慧的选择。

当下的幼儿特别需要艺术。应试教育及其所谓"超常儿教育"、超前教育的影响已开始延伸到幼儿园，识字、计算等小学化的倾向，使幼儿教育逐步"异化"。有些地方，有的幼儿已逐步远离歌声，远离图画，甚至远离笑声。这是多么让人恐怖的事情！相比之下，小天鹅幼儿园执着地坚守着艺术教育这块"麦田"，理念与精神是何等可贵。

如今的艺术教育需要矫正。在一些幼儿园里，在一些教师和家长的理念中，学唱歌是为了当歌唱家，学钢琴是为了当钢琴家，学跳舞蹈是为了当舞蹈家……艺术教育使幼儿失去兴趣和灵性。说严重一点，这已不是真正的艺术教育。小天鹅幼儿园却不是这样，她追求纯粹的艺术教育，追求真正的幼儿园艺术教育。

首先，小天鹅幼儿园对艺术、艺术教育有深刻的认识。她认为艺术是人类对生命肯定的方式，是人类向内探索心灵、探索自己的方式。艺术是人类伟大的发明，它是一种语言，一种唯一超越民族、地域、时间而使全人类相通的语言，甚至可以说是唯一可以超越人类本身而与天地同和、与宇宙相交的语言。进行艺术教育，正是用这种语言去抚慰幼儿稚嫩的生命，唤醒生命内部的温暖和力量，让情感在脉管里流淌。这样深的认识，这样高的立意，使得小天鹅幼儿园不是为艺术教育而艺术教育，而是把艺术和艺术教育融入幼儿的生活和生命。在小天鹅幼儿园，幼儿不仅会唱会跳会演，更可贵的是，他们都很健康，很快乐，很可爱，很幸福，很美丽，像是一只只小天鹅。

其次，小天鹅幼儿园通过艺术教育构建"艺术化课程"。艺术化课程绝不仅仅指艺术领域的课程，而是用艺术的精神对现有课程进行改造，使课程具有艺术的灵性与诗性，具有独特的魅力；用艺术的方法整合课程，使五大领域互相联系、沟通，成为一个整体，真正成为幼儿自己的课程；在课程中渗透艺术教育，使艺术的因子在课程里得到培育和壮大；使教师的教育教学和管理更具艺术性，彰显课程的领导力和创造力。这样的"艺术化课程"，既包含艺术教育又超越艺术教育，是"艺术化"了的课程，是具有艺术特质的课程。

　　最后，就艺术教育而言，小天鹅幼儿园有更深的意蕴，更智慧的方式，那就是让幼儿用行为去演绎艺术。艺术就在生活中，就在幼儿日常生活的方方面面。同时，当幼儿用行为去演绎艺术的时候，艺术已在他们的心田里萌芽，自然就会从他们的行为中流露出来，表现出来。此外，用行为去演绎艺术，说明他们重视的不是知识、技能和技巧，而是幼儿的表现与表达。这样的艺术教育就会达到一个较高的层次和境界。这是一种与幼儿生活融为一体的艺术教育，是对艺术教育的超越。

让思维在对话中闪光

　　苏联著名学者巴赫金曾经引用陀思妥耶夫斯基的话对思想与对话的关系进行过专门研究。他说："思想不是生活在孤立的个人意识之中，它如果仅仅停留在这里，就会退化以至死亡。"不让思想退化、死亡的根本办法是，"思想只有同他人别的思想发生重要的对话关系之后，才能开始自己的生活"。同时，"人的想法要成为真正的思想，即成为思想观点，必须是在同他人另一个思想的积极交往之中"。显然，思想是不能脱离对话的，对话一定要和思想的形成、发展联系在一起。

　　银城小学一直在研究对话教育。最近，他们把对话研究的重点放在对话与思维的关系的研究中，可见他们的研究在走向深入，走向深刻。这是一个难度很大的课题，但是他们如果在实践中不断厘清、不断完善，相信一定会有突破性进展，让研究和实践进入新的阶段。

　　从本质上看，对话本身就是思维的过程；反过来看，思维的本质也是对话性的。这不难理解，对话——无论是成人的还是儿童的，都应有思维积极、充分的介入，让对话有充足的思维含量，否则就会趋向平庸。而且，这样的对话势必沦为一般性谈话，而非真正意义上的对话。为此，我们必须研究如何让思维进入对话，重要的是对话前对思维含量的规定和设计。

　　讨论可以再往深处走：对话中需要什么样的思维含量。毫无疑问，那就是让思维具有一定的挑战性。所谓挑战性，是指能激活思维的，需要经过深度思考才能突破的，用心理学家维果茨基的话来说，那就是"最近发展区"。虽然对成人与儿童来说，挑战性有区别，要求不同，但对于儿童思维的挑战性与对于成人思维的挑战性，在本质上应当是一致的，对此不必顾虑，更不应否定。事实证明，思维的挑战性会使儿童的思维得到锤炼以至淬化，使对话闪光。

再往深处讨论，儿童话语看起来是稚嫩的，是"肤浅"的，其实不然。应当确立这样的信念：儿童不仅仅需要思维的挑战性，而且其本身就意味着深度。《皇帝的新装》的真相只有在儿童看似稚嫩然而深刻的思维和对话中才会被揭露——儿童是深刻的。关键是教师如何坚信，如何发现，如何激发，以让儿童的深度思维在对话中"活"起来。

欣喜的是，银城小学不仅有以上的一些认识，而且在探索儿童的思维方式。有什么样的思维方式，就会有什么样的思维水平，进而就会有什么样的思维品质。儿童的思维方式决定他们常常不以"常规"出牌，会以异样、独特的视角来观察，在观察中发现，在对话中表达。对儿童的这种思维方式，我们必须保护、珍爱。可以说，对儿童思维方式、对话方式的保护、珍爱，才能让儿童真正存在、真实发展。

让对话深刻起来，让思想在深度的对话中走得更远——银城小学对话教育的境界，已在前面闪烁着银色的光芒，让我们永远向前。

那不敲响的钟声……

　　两次去台湾，都去了台湾大学；每次去台湾大学，必定在傅亭前久久徘徊。那口古铜色的傅钟，垂挂于亭中，一片静默，但我似乎听到了它那苍老而悠扬的钟声响起。不过，它每天只敲响二十一下，还有三响，是不敲的，因为校长说，那不敲响的三小时，要让台大的师生，安下心来，静静地读书、思考，永远怀想老校长傅斯年的教诲。

　　回来查询资料，才知道傅斯年在抗战胜利后成为台湾大学第四任校长。他顶住各种压力，大刀阔斧改革，为把台大建成一座达到世界水准的学府殚精竭虑，几乎没有一天轻松过。仔细看看，傅钟上刻着八个大字：敦品励学，爱国爱人。这是台大的校训。傅先生身体力行，严格按校训行事，1950年新生入学考试，语文卷由他亲自命题。他选了《孟子·滕文公下》中的一段："居天下之广居，立天下之正位，行天下之大道……富贵不能淫，贫贱不能移，威武不能屈，此之谓大丈夫。"傅钟虽是后任校长命名的，说到底应该是傅先生用自己的精神和灵魂锻造的。

　　叙述以上一切，不是想去评述傅斯年这位教育家，只是想说，傅先生给台大留下了宝贵的文化财富，留下了最重要的思想。何为文化？黑格尔早就说过，文化的魂与体是融为一体的，好比洋葱头，剥掉一层皮，就是剥掉一层肉。皮剥完了，肉也就不存在了。傅钟就是台大校园里的一个文化符号，它是"体"，体中有魂，魂也附体。这样的景观才显现文化之意，又充满思想张力，引起我们诸多想象。

大学学子的确需要安静思考的时间，同样，中小学的课堂里也一定要有让学生独立思考的时间。毋庸置疑，课堂教学需要温度，需要学生怀着激情去讨论，没有温度的课堂肯定不是好课堂。但是往深处去想，真正的温度应当是思考的温度，是安心阅读、潜心研究、悉心建构的深度。相反，绝不能把温度只理解为热烈的气氛，甚至追求表面的热闹。当下的一些课堂正是要十分警惕这种情况的发生和延续。我们是不是也要像傅钟所表达的那样，一堂课一定要有那么几分钟，那么十几分钟，规定学生静静地阅读、默默地思考，在安静中倾听自己内心的声音，梳理自己的思想呢？此时，教师只是用期待和鼓励的目光注视他们，不去叮

嘱什么，也不去提醒什么，然而这恰好是最好的教学，最生动的教育情境。

对教师同样也应如此。教师生活在生龙活虎的校园，总是在各种各样的热闹中度过，这本正常，但是往往形成的习惯是，无暇去读书，无法去思考，无法去沉思，久而久之，一些教师也渐渐地无法深入研究。这是非常可怕的事。校长们，还有教师们自己，能不能规定教师，规定自己，一天中留下一两个小时，是没有任何"钟声"敲响的呢？昆曲《班昭》里有四句唱词实在是太好了："最难耐的是寂寞，最难抛的是荣华，从来学问欺富贵，真文章在孤灯下。"孤灯下的寂寞是最丰富的，其实，他内心的钟声早已敲响，思想的钟声早已在心中悠扬。

倘若还有机会去台湾，一定还去台大，一定还要在傅钟下静思默想几分钟。在那飘散的思绪中唤起对教育家的怀念，激起对教育、对文化的思想波澜，那不敲响的钟声才是最动人心魄的。

第三辑

可能性的召唤

儿童哲学是让儿童拥有自己幸福童年的哲学。

　　教育就是让我们的孩子成为诗人，种下他们

来自生活、发自内心的诗。

伟大的发现与教育的伟大

光，是一个谜。人们与光打交道，其实是在与光做游戏。而与光游戏者，其实是一个研究者、实验者、发现者。

高锟，这位华人诺贝尔物理学奖得主，就是一位与光游戏者。他在光的研究、实验中，发现并成功实现了光纤不但可以用在短短的胃镜导管上，而且可以用于长距离通信上。而此前，主流科学家却认为，将光纤用于长距离的通信是根本不可能的。

但是，高锟用自己特有的"固执"、大量深入的研究以及胜人一筹的智慧告诉世人：伟大的发现，往往蕴藏于对"不可能"的否定；敢于面对众人"不可能"的结论，让"不可能"变成"可能"，这样的人是伟大的。

教育需要这样伟大的发现，而伟大的发现需要伟大的人，往深处讲，伟大的人需要伟大的教育去培养。

教育的伟大在于让"不可能"变成"可能"。将"不可能"变成"可能"，从哪里做起？从关注"不可能"中的"可能"开始。"可能"是属于未来的，但它却隐藏在现实中。教育的目光不能不瞭望未来，但一定要用瞭望未来的目光去重新审视现实，再从现实中发现未来。这样教育视野中的现实，就不再是就事论事，不再是斤斤计较现实中的一得一失，不再是为现实状况的"不理想"而焦虑、急躁、灰心，不再是轻言放弃和抛弃。

　　但是，现实中的未来，现实性中的可能性，"不可能"中的"可能"，不是一下子就被发现的，这需要耐心。高锟大学毕业后加入英国国际电话电报公司，当大家纷纷对这位初出茅庐的小伙子投来质疑的目光的时候，公司却对他说：只要你别花太多钱，就可以继续研究。公司的这份耐心，实际上是一种信心，是对科学规律的正确认识与求实态度，是乐观的期盼与等待。这需要智慧。高锟在大量研究中排除了一系列影响因素，最终证明玻璃体中的离子杂质对光的衰减起到决定性作用。于是，他大胆预言，只要每公里的光衰减量小于 20 分贝，也就是只要保留 1%，就可以用于通信。这需要固执。高锟曾经这样说，所有的科学家都应该固执，都应觉得自己是对的，否则便不会成功。

　　任何学科都有发展、诞生新知识的可能。学生是一种可能性，教育就是要发现这种可能性，并将"可能"变为现实。高锟，从童年时代自己做土炸弹开始，就宣告了教育的伟大价值、伟大智慧。我们需要创造这样的教育，也能创造这样的教育，因为新课程已为我们掀开了中国教育史上的新的一页。

可能性的召唤

卢梭说，人类的各种知识中最有用而又最不完备的，就是关于人的知识。可以说，教育中最有用而又最不完备的知识，就是关于儿童的知识。教育改革和教育研究必须重新认识儿童，重新发现儿童，进而促进儿童发展。其中，最为重要的是要重新认识和发现儿童的可能性。长期以来，我们只关注儿童的现实性，而很少关注可能性。从只关注现实性到更关注可能性，是教育的一种超越。

一 | 可能性：
　　儿童的伟大之处

康德说，人是一个有限的理性存在，但有无限的可能性。人之所以是人，其区别于动物及其他存在物的根本之处，就是因为人的内心世界的丰富和由此产生的无限能量，这种能量让人存在种种发展的可能。儿童生气勃勃，处在生长的旺盛时期，与成人相比，他们的可能性更丰富、更生动、更巨大。

1. 可能性——回到儿童原本意义上去

可能性存在于儿童。对儿童原本意义的认识，是对儿童可能性的回归。儿童代表着自由，寻求自由是儿童的天性。事实可以帮助我们作出这样的判断：自由何时丧失，童年亦即随之消逝。教育不只是规范儿童，更为重要的是解放儿童，让儿童获得自由思想空间。长期以来，教育的伦理学只是"规范伦理学"，而"思想空间的可能性永远大于规范的可能性"。教育学应是解放儿童的教育学，基础教育就是让儿童获得巨大思想空间的教育。好奇、探究，是儿童的又一天性，是儿童可能性的表现和最具本质意义的特征。这一天性，恰恰说明儿童就应是哲学家，因为哲学源于对周围世界的惊异和提问。遵循儿童探究、发现的天性，构建儿童教育哲学，会让基础教育及其研究站立在一个新的高度。席勒在《审美教育书简》中说，"最后，我要郑重宣布，当人充分游戏的时候才是真正的人"。儿童喜爱游戏，在游戏中融进了对种种可能性的追寻和开发。他们把对生活中规则的创造、对美好事物的向往、对严肃性的理解，都融化在游戏中，用游戏来表达自己的心愿和创造。如何赋予游戏教育以新的认识和机制，是基础教育及其研究的题中应有之义，也是一道充满魅力的难题。明代李贽说过，"童心也，真心也；真心也，真人也；若失却童心，便失却真心，失却真心便失却真人"。从儿童身上，从清纯的童心中，你会发现巨大的发展可能，进而会发现阳光、友情、美好以及幸福。儿童的心灵让其可能性熠熠闪光。超越性是儿童最为重要的基本属性。儿童的超越性表现为对事物的破坏与建设。儿童是天生的破坏者，又是积极的建设者，就在对事物的解构与建构中表现出创造性和对前人的超越。因此，我们可以确立这样的理念：儿童既是我们的教育对象，又是我们的老师；教育要激发儿童的超越性，使可能性成为超越的力量。

2. 儿童可能性及其两面性

什么是可能性？用哲学家的话来说，可能性就是"还没有"，就是"还没有成熟"。没有成熟，就会有缺点、犯错误。把儿童的缺点与错误，不妨看作"营养不良的优点"，这样就会满怀信心地去鼓励他们、引导他们。其实，不成熟既是教育的机会又是儿童发展的动力，儿童的成长既需要教育，又依赖其自身的成熟。教育不能心急，需要等待，等待是对儿童发展规律的尊重，是对儿童自主发展的信任，是一种教育艺术。

可能性就是还未确定。儿童"尚未定型"，处在不确定性中。不确定，充满着可塑性，充满着改变的空间。人处在不确定性中，才有希望。高明的教育珍视儿童的不确定性，从不确定性中寻求发展的最大可能：教育不应即时就给儿童下判断，而应在观察不确定性中寻找某种确定的可能。迟缓评价既是艺术的，又是科学的。

可能性意味着可开发性。可能性，实际上是指可开发的可能，其一旦消失，就意味着开发的任务基本完成。好的教育应使儿童永远处在被唤醒、被开发的状态，因而处在发展的状态。可能性说到底是人的一种潜能，是人的生成性、创造性和发展性。不同的儿童有不同的可能性。好的教育在面向"每一个"的同时，要关注"这一个"。寻找不同儿童的可能性，就有可能使每一个儿童得到最好的发展，儿童的不同可能性期盼着教育的多样性、针对性和个性化。当"每一个"与"这一个"和谐共处时，因材施教的教育原则就会落到实处。但是，可能性是多向的，儿童既有积极发展的可能，也潜藏着朝另一个方向发展的可能，因此儿童需要教育。

正如杜威所说："儿童的生活是琐碎和粗糙的。他们总是在以自己心目中最突出的东西暂时地构成整个宇宙。但那个宇宙是变化的和流动的，它的内容在以惊人的速度消失和重新组合。"儿童好比一块璞玉，如果"放任儿童按着他自己的无指导的自发性去发展"，那么，"从粗糙的东西发展出来的只能是粗糙的东西"。儿童文学作家秦文君则说："儿童就像一块糖，只要舔一舔就会感觉到甜蜜。但是，它也可能是一颗有苦涩味道的药丸，会让你一辈子都记住一些教训。"她最后总结为一句话："童年是一个深刻的话题。"在认识儿童可能性伟大之处的同时，我们也要警惕儿童可能性的危险之处，唯此，教育才会完整，价值才会凸显。

二 | 教育：
向可能性的敞开和开发

可能性的认同拓展了教育研究的新视野，给教育提出了不少重要的研究课题。

1. 基础教育要关注儿童的现实性，更要关注儿童的可能性

海德格尔说，可能性高于现实性。但长期以来，教育的目光总是停留在儿童的现实性上，偏重在儿童此时此刻的表现、现时现刻的水平上，教育评价也总是以儿童现时的表现而判断好与不好，至于将会有什么可能，有多大可能，则很少去瞭望，更少去关注。关注儿童的现实是必要的，但不是目的，目的应是从"现实"开始新的出发；只停留于现实，教育就会短视、功利与急躁，也就难免平庸、肤浅与狭隘。关注儿童的可能性，教育的目光因此而悠远，视野因此而开阔。一名小学校长说，"为了学生的 60 年，要让他们过好现在的 6 年"。这是一种超越，是基于对儿童可能性的认识和把握。

2. 让儿童的可能性有最大的可能存在

可能性既可存在，又可消失，教育要让儿童有最大的可能存在。可能性存在于哪里？存在主义哲学告诉我们，其一，可能性存在于生命之中，只要生命存

在，可能性就会存在。因此，保护儿童的生命，尊重儿童的生命价值，就是保护和尊重儿童的可能性。幼儿教育首先要让儿童生活在安全、健康、快乐、幸福之中，焕发生命的活力。逼仄的教育空间、压抑的教育空气、制约人的教育规则、落后陈旧的教育内容，实质上是在扼杀儿童的生命活力，扼杀儿童的可能性。其二，可能性存在于时间之中，没有时间就没有可能性。让儿童有更多活动的时间，可能性就会在时间里存活和跃动。时间是一个"流"，而将来就是在持守着的某种可能性。教育应是一个持续的过程，随着时间的流动，可能性就会日益清晰、凸显和壮大。因此，教育需要跟踪，跟踪时间实际是在跟踪儿童可能性的发展。其三，可能性存在于自由之中。自由是可能性开发的摇篮，意味着选择，有选择才可能有发展；意味着想象，想象给可能性以飞翔的翅膀；意味着创造，是创造的保姆，创造是对可能性的展开；也意味着自律，可能性在自律中才会更健康、更活跃。

3. 开发儿童的可能性

发现可能性，是为了开发。开发是儿童发展的过程，开发可能性应成为教育的任务和目的。第一，发现儿童不同的可能性，并且从多种可能性中寻找最大和最适合"这一个"儿童发展的可能性。值得注意的是，这种寻找和发现是悄悄的，寻找和发现的结果仍然是不确定的，否则会坠入早期定向培养的陷阱。教育必须根据寻找和发现的结果作出相应的调整，否则教育会陷入盲目和随意的泥淖。第二，依据儿童的可能性为他创造更大的可能性。可能性之所以是可能性，就在于它会生成和变化。可能性不开发就会浪费和消失，施加不同的影响，可能性则会有不同的发展。良好的教育应是促进儿童可能性最充分发展的教育。第三，防止不良可能性的发生。世界著名媒体文化研究者和批判家尼尔·波兹曼说，"儿童是我们发送给一个我们所看不见的时代的活生生的信息"。印刷术创造了童年，"电子媒介又如何使之'消逝'"，因为电子媒介与网络使"童年和成年的分界线正迅速模糊"。当今社会的虚拟化、娱乐化、物欲化都会使儿童的可能性发生转向。开发可能性和防止不良可能性的发展，都应是教育的使命。第四，教育要努力把不可能变成可能。儿童的"不可能"具有动摇性与阶段性，"不可能"是可能改变的，我们孜孜求解的就是这道难题，这正凸显出教育的伟大。

4. 可能性命题下的教育对策的调整

把规定性与非确定性结合起来。教育不仅有规定性，还应有非确定性，因而才会有生成性。教育过程充满变数，充满无法预知的"附加价值"和有意义的"衍生物"，即教育过程的不可预知性，亦即生成性。生成几乎成为"过程"的代名词，教育的过程属性即生成性和发展性。以往我们更关注规定性而轻慢、放弃了生成性，因而无形中抑制了儿童可能性的发展。幼儿教育要把规定性与生成性结合起来，注重生成性，注重过程中儿童的变化和转化，更注重可能性的发现、保护和开发。

把规范与解放结合起来。教育需要规范，需要规范儿童，但规范儿童不是约束儿童，而是为了解放儿童。赵汀阳有一段十分精辟的论述："人设立规范本来是为人着想的，如果只为规范着想，又如何能尊重人？规范是必需的而且应该遵守，但却不值得尊重。""如果它（指规范）与做人的要求相背则本来就不值得尊重；如果它与做人的要求相符，那么实际上我们尊重的是人性的光辉而不是规范。"[1] 用解放儿童的思想去规范儿童，这一研究同样极具挑战性。

---

[1] 赵汀阳. 论可能的生活 [M]. 北京：中国人民大学出版社，2004.

要把可能性开发与促进整体发展结合起来。开发可能性是为了儿童的全面发展，为了儿童整体素质的全面提高。因此，绝不能把可能性与整体性割裂开来，应在儿童全面协调发展的前提下开发儿童智能的强项，以偏概全、以偏伤全是不可取的。

三 | 教师：
　　儿童可能性的发现者和开发者

可能性的命题，促使我们重新认识教师在儿童发展中的作用：开发儿童可能性的关键，是教师自己的改变与提升。

1. 教师：长大的儿童

早在两千多年前，我国伟大的哲学家老子就曾指出，成熟的有智慧的圣人的精神状态是与儿童一致的：一个人到达人生智慧和真趣的极致，便"复归于婴孩"，便会有一颗真纯朴素的童心。幼儿园创始人、德国教育家福禄贝尔认为儿童具有神圣的本性。他说："孩子就是我的老师，他们纯洁天真、无所做作……我就像一个诚惶诚恐的学生一样向他们学习。"马克思说得更为直白和深刻："一个成人不能再变成儿童，否则就显得稚气了，但儿童的天真不使成人感到愉快吗？他不应该在一个更高的阶段上把儿童的真实再现出来吗？"是的，教师不能再变成儿童，但应该在一个更高的阶段上使自己再现儿童的精神状态。这就是"长大的儿童"的意蕴。这应成为教师的成长定位：他是为儿童的，他自己是和儿童心灵一样的，但他又肩负着提升儿童的使命。教师是儿童，才能走进儿童；教师是长大的儿童，才能提升儿童。

2. 教师：儿童研究者

教师即研究者。教师的身份不仅是传统意义上的教师，而且是现代教育意义上的研究者。这一身份不仅决定了教师的任务是教书育人，而且指明了教书育人的科学保证和途径。教师即研究者，不是要求教师成为研究人员，而是要求教师通过研究成为研究型教师，进而提高教育的质量和水平（当然，并不排除通过研究成为专门的研究人员），因此，教师与研究者应是统一的。

问题是教师应成为什么样的研究者。我以为，一是成为反思型的实践者。反思应成为教师的教育品质和习惯，从实践后的反思开始，成为下一次实践前和实践中的反思者；反思必须客观，增大"思"的含量。二是成为行动研究者。教师

本身就是行动者，从行动者到行动研究者是一个质的飞跃。行动研究不是随意、盲目的，"系统"是其一个关键词——系统的设计、理论的支撑；行动研究不是为研究而研究，"改进"是其另一个关键词——改进实践、改进情景、改进设计。三是成为叙事研究者。叙事不是简单地讲故事，而是一种研究方式，其研究的质量在于叙事中问题情境的描述以及对问题的探究。叙事研究靠思想才能站立。四是成为校本研究者。校本研究不是什么新的方式，但又确有新的规定性：为了学校，基于学校，在学校中。但校本并不等同于本校，它是一个开放的系统，需要专家引领，校本研究还应出学校自己的专家。无论是哪一种研究方式，都应指向儿童。

3. 最小又最大的课题：每一个儿童

卢森堡说过这么一句话："一个匆忙赶往伟大事业的人没心没肝地撞倒一个孩子是一件罪行。"我们这些赶往伟大事业的人，匆匆忙忙，不管你承认不承认，不管你有意还是无意，事实上我们有时候真的毫不留情地撞倒了路上行走的孩子——他本来可能会走得更好，被撞倒后却丧失了前行的勇气和能力。其实，我们是有心有肝的，但是"心""肝"常被愚蠢的教育观念和行为所占据，常被错误的评价所污染，常被"统一性""标准化"所伤害。每一个儿童都是一个独特的存在，都是"这一个"或是"那一个"，我们应该努力把每一个儿童都当作一个课题来研究。这样的课题是最小的，又是最大的，这样的研究者是最优秀的，也是最伟大的。就这样，你肯定会把"人"、把"儿童"这门重要的学问逐步完备起来、丰富起来。

教育的目的是让儿童成为他自己

1917年，陶行知先生从美国学成回国后，考察了许多学校，对当时学校教育的状况极为不满，因为"先生只管教，学生只管受教"。他说："论起名字来，居然是学校，讲起实在来，却又像是'教校'。这都是因为重教太过。"在他看来，"教的法子必须根据学的法子……先生的责任不在教，而在教学，教学生学"。

陶行知先生说得好。但是，将近一个世纪过去了，"重教太过"的状况并未有根本性改变。陶行知先生似乎还站在我们面前，用他坚定的话语再一次提醒我们：教学的核心问题是"教学生学"。的确如此。1996年，国际21世纪教育委员会向联合国教科文组织提交的报告中，重申了陶行知先生的观点："学习过程现在已趋向于代替教学过程"，"教育的目的在于使人成为他自己，'变成他自己'"。

是的，教学必须关注学，必须以学生的学为核心。问题是，"学"的背后，抑或"学"的更深层次的问题是什么？当然是学生。"学"的问题说到底是"学生"问题，关注学必须关注学生，研究学必须研究学生。忘掉学生，甚至只是轻慢了学生，"教学生学"必定仍是一句空洞的口号。因此，课堂教学改革的起点与关键，应当是关注学生，了解学生，研究学生，一言以蔽之，是"读懂学生"。

假若我们的眼光再向外看一看，就会发现，"将教学变成儿童研究"已是一个国际趋势。学者、专家们几乎一致认为，教学研究与儿童研究是一件事而不是两件事；进行教学研究首先要进行儿童研究，应当坚定而勇敢地将儿童研究与课堂教学合二为一。如此，教学才会获得新的发展空间。用美国课程专家威廉·派纳的话来说，就是"教学处于第三空间"。第三空间是"独立于知识和社会以外的"，在这一空间里，教师带领儿童去创造。

儿童研究与教学研究合二为一，既基于对教学本质的认识，也基于对儿童"最伟大之处"的认识。教学本质上就是探究。谁探究？探究什么？当然是教师带领、引导学生研究，此时研究儿童与儿童的研究已成为教学过程中一个问题的两个方面。儿童的"最伟大之处"就是他的可能性，可能性就是创造的潜能，是生成的，是被开发出来的。教学实践证明，开发儿童的可能性，才会让儿童成为教学活动的发出者，真正成为教学的主体，才会主动地学会学习、创造性学习、享受学习。这一切，往往是在"研究儿童"中实现的。

由此，我们不难作出这样的判断：教学研究的深刻意蕴在于教师一以贯之地进行儿童研究，而其面临的最大挑战在两个方面：教师即儿童研究者，教学与研究的使命是让儿童的精神得到解放。甚至可以这么认定：课堂教学的根本性改革，应以教师研究儿童为基础，以儿童学习的觉醒为保证，以儿童的自主学习为标志。这样我们才可以以真诚的微笑来回答陶行知先生的一再提醒：陶先生，我们正在读懂学生，读懂教学，教学一定会成为"教学生学"的，请您放心。

当教室里飞来哲学鸟的时候

——儿童哲学几个问题的厘清

一 | 教室里飞来了飞罗鸟：
儿童哲学课的风生水起以及带来的困惑

　　我曾看到一套有关儿童阅读的《哲学鸟飞罗系列》丛书。丛书的主角菲卢是一个六岁半的男孩，恰好处在开始产生社会性困惑的年龄。他总是没完没了地提问，比如："我"可以打架吗？"我"可以撒谎吗？要是"我"不去上学呢？为什么"我"不能当头儿？"我"可以永远不死吗……他的问题常常引来全家人的热烈讨论，有时吵得不可开交，有时谁也找不到答案。菲卢对父母讲的道理常常不服气，可又想不清楚。到了晚上，回到自己的房间，他的好朋友——一只名叫飞罗的小鸟就会来找他。在与飞罗的交谈中，菲卢慢慢地想通了。学者周国平先生说："这个飞罗其实就是菲卢，是他的那个理性的自我。因此，与飞罗的交谈实际上是菲卢的内心对话。"丛书的作者是法国的碧姬·拉贝，经常在学校、图书馆、咖啡馆等场合为儿童主持以"哲学"为主题的下午茶活动，其著作取名为《写给孩子的哲学启蒙书》。非常有意思的是，每个故事结束的时候，都有这样的话："那你呢，当哲学鸟飞罗来看你的时候，你想跟它聊些什么呢？"

是的，儿童的生活与菲卢的一样：生活在问题之中，不解，苦闷，纠结，急需一只飞罗鸟来与他聊天、讨论。这样的聊天、讨论就是一种哲学启蒙。如今，飞罗鸟飞进了校园，飞进了的教室——无论是 15 年前云南昆明铁路南站小学的尝试，还是如今上海杨浦区六一小学以及浙江、河南其他小学的努力，抑或是"亲近母语"在杭州举办的儿童哲学研讨会，来自江苏、浙江、安徽和北京的小学教师与儿童文学作家、评论家和哲学家都把焦点集中在儿童哲学上，总之，儿童哲学引起了人们的广泛兴趣。在形成实践格局的同时，理论研究也在逐步展开，"自 1998 年以来，关于儿童哲学的论文篇数呈现不断上升的趋势……至 2011 年年初，儿童哲学的相关论文已达 70 多篇"[1]。至于我国港澳台地区，儿童哲学的实践与研究起步时间更早，气氛更活跃，实验更深入，成果也更多。值得关注的是，近来关于儿童哲学的交流，我们与国内外之间越来越频繁，用"风生水起"描述并不过分。这当然是课程改革、儿童教育中的一件重要的事。儿童哲学的实践与研究，很有可能使儿童教育、课程改革、教材建设悄悄地发生一些变化，使儿童的知识结构、思维方式、思想认识水平发生一些重要的转向。我们应当关注，应当参与。

在一次儿童哲学研讨会上，一位著名的儿童文学作家、大学教授有这样的感慨：要让大学教授痛苦，就让他到小学上儿童哲学课；要让小学生痛苦，就让他们学儿童哲学。果真如此吗？如何去改变？在全场的一片笑声中，我们感到儿童哲学实践与研究确实存在着一些困惑：小学课堂里应该飞来一只什么样的飞罗鸟？飞罗鸟应该以什么样的方式与菲卢们交谈、聊天？菲卢们又该怎样进行内心的对话？当然，其中最核心的问题有两个：飞罗是什么？菲卢们要不要与飞罗对话？

---

[1] 高振宇. 儿童哲学论 [M]. 济南：山东教育出版社，2011.

其实，困惑并不只发生在现在。从 20 世纪 60 年代美国哥伦比亚大学哲学教授马修·李普曼创建儿童哲学开始，到后来参与儿童哲学国际行动的英国、丹麦、挪威、俄罗斯以及大洋洲、南美洲和亚洲的一些国家，儿童哲学研究和实践一直存在着种种差异与争议。可以说，儿童哲学是伴随着困惑和争议成长起来的。有困惑并不是坏事，相反，困惑可以促使我们更深入地研究，更准确地把握。如果作些梳理的话，困惑抑或争议的问题可以归结为一个问题，即儿童哲学的定义及其定位。这样的归结与前文所提及的"飞罗是什么""菲卢要不要与飞罗聊天、讨论"，实质上是一样的。儿童哲学的定义及其定位，看起来是理论问题、学术问题，说到底还是理论与实践双向建构的问题。问题弄不清楚，实践肯定会发生偏差，也会影响理论的完善。

儿童哲学的定义及其定位，与各个国家、地区的文化传统和现实基础有关，也与儿童哲学的各种学派、各种见解有关。儿童哲学研究应当百花齐放、百家争鸣。但是，对于广大的学校教师和以实践为价值取向的研究、教研工作者来说，不明晰儿童哲学的定义、定位、课程形态、实践取向等是不行的。带着困惑、不解，怎能建构起真正的儿童哲学及儿童哲学课？以己之"昏昏"，怎能让学生"昭昭"？当下，讨论儿童哲学的一些基本问题，是非常必要、重要的。让我们在儿童哲学研究与实践的风生水起中，追寻那只可爱而又神秘的飞罗鸟吧！

二 | 让复杂的问题简明化：
　　众多定义中儿童哲学的厘清与聚焦

　　文献中，关于儿童哲学有诸多定义和解释。就儿童哲学性质而言，美国的儿童哲学研究对其性质的定位是，"只是儿童的思想或儿童的思想技巧方面的研究，最多只加上儿童的推理的研究"，"儿童哲学的性质以建立推理的规则为重……使每个人能够改善这些推理技巧"。欧洲的儿童哲学研究由于受古希腊哲学——爱智慧的影响，强调"儿童哲学就是教导儿童喜爱智能"，他们喜欢"称儿童为'未受精的卵'，根据传统能有'稳定'的发展"。对儿童哲学性质认识与定位的不同，必然造成儿童哲学内容、方式的迥异，也必然让后起研究者，比如我国在引进、借鉴时有不同理解、不同做法，从而造成一些困惑，出现混乱。

　　对儿童哲学性质的不同定位，又受儿童哲学家不同理论的影响。比如，美国儿童哲学家吕德的儿童哲学的基本命题是，"儿童哲学的要务在于形成一个探究团队"。又如，瑞典教育家爱伦凯的儿童哲学的基本命题是，"让儿童有一个'完整的、新的心灵，即一个真正的我'"，"对待儿童最大的错误，莫过于让儿童闭起眼睛"。再如，大家熟知的蒙台梭利的儿童哲学的基本命题是，"儿童的心灵中隐藏着许多宝藏"，要像"透过'原子之窗'去了解物质一样"在儿童那儿找出根源。而荷兰的儿童人类学家朗格威尔的儿童哲学的基本命题是，"人的本质（尤其是儿童本质）必须受教育才能改变"，而"教育就是发展的帮助"……陶行知先生也是一位儿童哲学家，他的儿童哲学的基本命题则是，通过生活教育，让"孩子人小心不小，你若小看小孩子，便比小孩还要小"。儿童哲学的不同命题、不同主张，造成儿童哲学及其研究的不同定位，影响儿童哲学朝不同的方向发展。不同的命题，不同的定位，不同的方向，影响了教师对问题的理解，尽管各显异彩，但难免有偏差，难免变形、泛化，甚至可能异化。看来，小飞罗这只鸟有点儿捉摸不定，有必要弄清这只鸟基本的"科"与"目"以及它的基本形态。

经过梳理和思考，我的基本原则是把复杂的问题简单化，从诸多的定义中按同一个维度进行抽象和概括，也包括对已有的定义或解释概括进行适当整合。我以为儿童哲学主要有三个方面的基本内涵：第一，儿童哲学是"儿童的哲学"；第二，儿童哲学是"关于儿童的哲学"；第三，儿童哲学是"关于儿童哲学的教育"。

"儿童的哲学"亦即"童年哲学"，其主要意蕴在于，儿童有自己的哲学。儿童有自己看待世界，看待社会、自然，也包括看待自己的方式，并产生相应的理念。它的主体是儿童，本质是自主发展，基本形态是儿童的生活。"关于儿童的

哲学"是对儿童哲学的研究，其主要意蕴在于，不断地认识儿童、发现儿童。其主体是研究者，本质是一种儿童观，基本形态是文献和文本。"关于儿童哲学的教育"是对儿童进行哲学教育，其主要意蕴在于，让儿童学哲学，在学习中发展自己的哲学。其主体是教师，本质是教育观，基本形态是课程。

"儿童的哲学""关于儿童的哲学""关于儿童哲学的教育"是相互联系、相互支撑的，三者形成一个整体，不能分割，更不能对立。三者的关系是：通过儿童哲学教育，让我们不断认识儿童、发现儿童，让儿童自身的哲学不断完善、不断发展，让儿童心灵世界、精神生活不断丰富、提升。显然，"儿童的哲学"是目的，"关于儿童的哲学"是基础，"关于儿童哲学的教育"是途径和方法。

三者关系的厘清，让不同的人各居其位、各有所得：让研究者对儿童、对儿童哲学进行持续深入的研究，让儿童观持续进步，以影响教师及广大实践工作者；让教师和其他实践工作者根据儿童观进行持续深入的实践，让教育观持续进步，让课程形态更完善更科学，让教育效果更好。这一切，都是为了儿童，为了儿童哲学的发展，为了儿童的发展，为了让儿童有一个更加幸福的童年。也许还可以这样概括：儿童哲学是让儿童拥有自己幸福童年的哲学。看来，当下着力研究儿童哲学教育是非常重要的。

三 | 儿童就是"菲卢"，儿童哲学就是"飞罗"：
儿童学哲学的必要性与可能性

儿童要不要学哲学，一直是有争议的，意见无非两种：一种认为儿童不仅有必要，而且完全有可能学哲学；另一种与之完全相反，认为儿童没有必要也不可能学哲学。这个问题是儿童哲学研究的前提。假若儿童没必要也没有可能学哲学的话，那么儿童哲学教育就是个伪问题，没有存在的必要。解决争论，要追溯争论背后深处的东西。仔细考察，这两种争论的背后其实是两个其他问题。倘若这两个问题弄清楚了，争论就会有一个明确的结论。这两个问题是：儿童是哲学家吗？哲学是什么，抑或什么是哲学？用隐喻来说，那就是儿童真的是那个"菲卢"吗？哲学真的是那只"飞罗鸟"吗？

"儿童是哲学家"，对此不少人是反对的、否定的，且持激烈的批判态度。他们的主要理由是：即便研究者列举出无数具体的案例，也不能就此得出普遍有效的定律或公理，因为既有的案例往往在时空上是有限的，不能应用到无限的情境中去。参与哲学研究的只是部分儿童，而"部分儿童所进行的哲学推演活动是偶尔发生的，并不构成稳定的连贯的行为体系"；"儿童能够参与具体哲学的探究问题，但对于抽象哲学，儿童终究是无能为力的"。[1] 所以，不少人认为学生到了高中阶段才能学哲学。我国就有专家认为，"儿童即哲学家"是儿童中心主义的泛滥与夸张，应当警惕。

如果暂且搁置儿童是不是哲学家的学术争论，至少有两个方面可以肯定。一是儿童有着哲学的天赋。先说一个实例。婚礼上，司仪请几个儿童到台上来回答一个问题：结婚是什么意思？一个小男孩只有 6 岁，他说结婚就是大家在一起吃饭。全场一片寂静，是啊，结婚了，有饭同吃，有粥同喝，同甘共苦。一个小女孩说，结婚就是一家人了。一个 5 岁的小男孩手中捏着一颗糖说，结婚就是让大家快乐。无需多解释，儿童天然地、天真地、天才地回答了一个深刻的话题，全场掌声顿时响了起来。这绝不是个例，是具有普遍性的。儿童是"未被承认的天才"。这不是偶然的评断，是在无限的时空里，对儿童共性的判断。儿童哲学就

[1] 高振宇 . 儿童哲学论 [M]. 济南：山东教育出版社，2011.

是让"未被承认的天才"得到承认。

儿童有需要也有能力学哲学。大家公认的哲学源于对周围世界的惊讶。儿童对周围世界满是问号，在惊奇、诧异中有了哲学的追问，可以说，儿童一生都在邀请哲学，因为他们总是在发出一个个问题，邀请问题就是邀请哲学。所以，从以上这两个角度说，儿童与哲学有着天然的联系。儿童真的就是"菲卢"。

何为哲学？学者周国平提出，哲学可以有四种不同的存在形式：一是作为形而上学的沉思和问答思想体系的创造；二是作为学术；三是作为思潮或意识形态；四是作为人生思考。第一种和第二种都属于少数人，而从第三种和第四种出发，哲学适合于每一个理智健全的普通人。中国台湾的杜保瑞教授认为，"哲学可以包括学院内的哲学教育与社会中的哲学教育"，儿童属于社会，儿童哲学属于社会中的哲学，是儿童化的社会哲学教育。那只"飞罗鸟"正是儿童所喜欢的哲学。

通过对"儿童是谁"与"何为哲学"这两个问题的思考，我们完全可以作出这样的判断：儿童有必要学哲学，这既符合他们的天性，又符合他们发展的需求；儿童可以学习哲学，既基于他们哲学的天赋，又基于哲学的社会性特点。为此，当下进行儿童哲学研究与儿童哲学教育实践是必然、必需的，也是可行的。

四 | 学会像哲学家那样思考：
儿童哲学教育的价值取向和目标定位

儿童哲学教育以至整个儿童哲学研究、实践，就是为了让儿童从小学哲学。毫无疑问，儿童学哲学充满着意义，比如说训练思维；比如说思想实验，来一场儿童的思想运动；比如说学会运用概念进行推理；比如说建立探究共同体；比如说学会辨析与争辩；等等。在众多的意义与价值取向中，究竟哪些才是儿童哲学教育的根本宗旨和终极追求?

人们对于儿童哲学的价值取向与目标追求是有不同的理解和定位的。在这些不同的理解和定位中，隐含着一个深层次的问题：既然儿童是哲学家，那么儿童哲学教育的目的是否就是把他们培养成职业哲学家? 这样的推断是不符合逻辑的。其一，中小学教育是基础教育，一切都是为了学生的全面发展打基础，目的是促进学生素质的全面提升和个性发展，不是培养"家"，而是为成"家"奠基。至于将来成为什么"家"具有多种可能性，因为儿童发展具有不确定性。其二，儿童不仅是哲学家，也是诗人、艺术家、科学家。如果进行儿童哲学教育是让儿童成为职业哲学家的话，文学教育、艺术教育、科学教育岂不是让儿童成为诗人、文学家、艺术家、科学家? 某一学科、领域的教育，是为了让儿童学习、领悟该学科和领域的专业基础知识、基本能力、基本活动经验和基本思想，以形成儿童较为科学、合理的素质结构。可以说，基础教育的学科教学对应的不全是学科专业的"家"，而是专业素质和全面素养。

在《哲学鸟飞罗系列》丛书中，飞罗鸟与菲卢聊天、讨论，绝不是想让菲卢成为一个职业哲学家（尽管将来有这样的可能），其目的在于让菲卢养成提问、讨论、思考的习惯。往深处说，儿童哲学教育让儿童学哲学，是为了让儿童像哲学家那样去思考，让"儿童是哲学家"这一天赋得到珍爱和发展。

像哲学家那样去思考，首先要让儿童学会像哲学家那样去提问。在《哲学鸟飞罗系列》丛书里有一个故事：爸爸从修理厂回来，伤心地说自己的汽车完蛋了，彻底"死"掉了。菲卢不明白汽车为什么会"死"："我们的车没救了! 就像格特鲁德夫人一样吗?"当听爸爸解释说那只是比喻，他又问："人不行了，生命结束了，也是比喻吗?"当他听到爷爷的解释说活的生物才说死，他又问："那星星呢，星星也是活的呀!"当解释说活的东西会动时，他问："树自己不会动，可它是活的呀!"……一连串有意思的提问,就是菲卢的一连串思考。而最后,菲卢和飞罗讨论的结论是:"我们刚说的这些,就意味着死;死亡,是因为我们活过。""我希望还能飞很长时间……可以在所有打开的窗口边停留。"尽管他们讨论的是"生与死"这样的大问题,但从菲卢的口中说出来,却是那么自然,那么深刻。看来,像哲学家那样去思考,从提问开始,儿童哲学、哲学就不再神秘、深奥。这就是儿童哲学的魅力。

像哲学家那样去思考,其次要让儿童学会寻找意义。法国埃克斯大学教授让-皮埃尔·内罗杜写过一本专著《古罗马的儿童》。书的开头写道,刚出生的小孩,全身赤裸,被母亲搂在怀里,小脸望着母亲,一只手向她伸过去,仿佛想让母亲抚摩他。书的结尾写的仍是孩子安静地躺着,双眼望着天,他在天空寻找着什么。作者想表达的是,儿童的一生都在追寻人生的意义:儿童的身体,儿童的精神,儿童与家庭,儿童与法律,儿童与宗教,城市中的儿童……书的结尾是:"总之,罗马儿童带来了庞大的诗歌交响乐的开发主题,其中一个合奏的乐章让儿童成为孤独的独唱者,同生命与历史的交响乐团一争高下。"[1] 这并非伤感,而是让儿童永远在生活的合奏中寻觅人生的意义,用自己的独唱,唱出生命的意义,因而也并非孤独。这就是儿童哲学,是儿童哲学教育的意义与价值所在。

像哲学家那样去思考,最终是要让儿童智慧上路。儿童总要独立地走上社会,离开成人的呵护,成为独唱者。教育能给儿童什么东西让他们带着上路?是智慧。尽管所有的学科、所有的教育都会让儿童生长智慧,不过哲学更具让儿童生长智慧的重任。这是因为哲学就是爱智慧,哲学本身就是智慧。智慧的本身与

---

[1][法]让-皮埃尔·内罗杜.古罗马的儿童[M].张鸣,向征,译.桂林:广西师范大学出版社,
2005.

爱智慧的情感，让儿童在探究、体验中，在思考、感悟中，在研究问题与解决问题中，把知识转化为智慧，具有智慧的心灵，怀揣道德感去创造。这样儿童的内心是丰富的，精神是美好的，思想是活跃的，总之，童年是幸福的。这样才可以说，儿童哲学是幸福的童年哲学。

"提问—思考—智慧—幸福的童年"，构成儿童哲学教育意义之链。尽管儿童哲学创始人李普曼曾提出，儿童哲学为的是思维训练，着重的是技巧、规则和工具。当然，思维训练和技巧、规则是儿童哲学的工具，在儿童哲学教育中少不了思维训练，少不了技巧，少不了工具，但只止于此是远远不够的。我们对儿童哲学教育的价值取向与目标定位是，以思维训练为工具和手段，贯穿全过程，让儿童学会提问，学会思考，寻找意义，带着智慧上路，因而思想与精神丰富，童年幸福。

五 | 内容、形态与方法：
作为课程形态的儿童哲学

儿童哲学教育离不开课程，其落实和有效必须课程化。事实上，无论是李普曼的"哲学教室"，还是"教室里的哲学"，都是要让儿童哲学走进课程、走进教室、走进教学。儿童哲学课程化是一个必然趋势。但是，课程化不只是一个理念。所谓课程化是指儿童哲学应当具备课程的规定性，具有课程意义。所谓课程规定性与课程意义，包括课程目标、课程理念、课程内容、课程实施、课时安排、课程评价、课程资源、课程管理等。儿童哲学课必须是一个系统。为此，儿童哲学课程化的第一要务是整体思考、规划、设计和安排，形成"儿童哲学课程纲要"，当然也可以是"儿童哲学课程指导意见"，还可以先形成一个"儿童哲学课程设置方案"。不管叫什么，也不管从哪个先做起，都得有一个总的设想和通盘的考虑，这样才能防止和克服儿童哲学教育的随意化、碎片化，使之真正成为课程。

儿童哲学课程可以是三大类：第一类是将它当作一门专门的学科，称为儿童哲学课；第二类是在所有的学科教学中渗透儿童哲学教育；第三类是在儿童生活中进行儿童哲学教育。对这三类儿童哲学课程形态，我们都要认真研究。从实践来看，难度较大的也是为大家所关注的是第一类，即儿童哲学课。儿童哲学课在明确性质、目标和要求以后，重要的是课程内容。我的意见有两条：第一条，课程内容应来自儿童的生活，即从生活中寻找并开发儿童哲学的资源。西班牙马德里中央大学哲学教授费尔南多·萨瓦特尔写过一本著作《哲学的邀请：人生的追问》，书中列出十几个问题，诸如"从哪儿上路""我只知道我一无所知""我是谁？我是什么""我们在哪里？世界是什么"，等等，都是儿童生活中常常出现的疑问与思考，可以作为儿童哲学课程内容的参照。第二条，课程内容要适合小学生的特点。哲学问题深刻，不是所有的内容都适合小学生学习。语文教师郭初阳曾为六年级学生上了一堂"苏格拉底的申辩"课，他说上课可以冒险，这是一种积极的探索，我们很赞赏。但不可回避的问题是，内容与文字过深了，历史背景对于小学生来说也过于陌生了。尽管所有内容都可以教给小学生，但毕竟还有课程的标准和特别的要求，可见，儿童哲学课指导纲要之类的文体相当重要。

对于儿童哲学课的教材建设与教学方法，国内外有诸多实验，也积累了不少经验。比如，对教材特征的要求是："不出现哲学术语和专有名词；出现的人物都是与所学年龄阶段的儿童相似的学生；故事情节带有冒险的性质；角色思考风格的丰富多样。"我以为这很有参考、借鉴的作用。至于教学方法，可以采用故事讲述、寓言讨论、交谈聊天等方式，当然具体的教学方法还可以有更多的探索与创造。这方面正是小学教师的优势。

六 | 儿童研究、儿童哲学教育研究：
教师的第一哲学

儿童哲学研究、儿童哲学教育研究与实践，对教师的专业发展提出了新的课题和挑战，也提供给了教师深度发展的机遇。挑战与机遇统一在一起，聚焦在教师自身哲学的学习和素养上。

亚里士多德曾经提出过"第一哲学"的命题。他认为，"第一哲学"具有为所有其他哲学部门准备基本概念和基本规律的功能，其成果是所有具体哲学部门的预设的前提，因此，它应当是"在先的"——最先的，所以被称为"第一哲学"。教师有自己的哲学，而且教师也应当有自己的第一哲学。教师的第一哲学应当是关注儿童的哲学，是对儿童的再认识、再发现，是儿童观的不断完善和不断发现。而关于儿童的哲学，又集中体现在儿童教育的智慧上。教师要做智慧教师，而智慧教师首先就是爱儿童，其次是以智慧的方式教育儿童，最后是让儿童智慧成长。

建构教师的第一哲学，让关于儿童的哲学研究"在先"，肯定比具体的技能、技巧、方法、手段更重要，也比具体的哲学知识更重要，或者说，第一哲学是教师最为重要的哲学素养，是教好儿童哲学课的最重要保障。

当教师成为一只只"飞罗"的时候，当"飞罗"一次又一次停留在所有小朋友的窗户边的时候，当"飞罗"与所有的"菲卢"倾心交谈、朋友式聊天的时候，当儿童也成为"飞罗"的时候，儿童哲学的春天就会又一次来临，儿童哲学教育就会有一次最为明快的欢唱。"飞罗"飞向蓝天，我们看到的是"菲卢"也已飞向未来，带着激情，带着理性，永远伴随着幸福。

儿童文学生活：对童年恐慌的抵挡与驱赶

　　儿童应当有自己的生活。生活对于儿童来说，意味着快乐，意味着自由，意味着生长。但是十分遗憾，当下的儿童几乎没有自己的生活，因为他们太忙碌了，真正的儿童生活被忙碌湮没了。

　　儿童是"被忙碌"的，那是大人把自己过高的期待投射在了儿童的生活中，甚至大人要以自己的生活替代儿童的生活——儿童在为大人的期待而忙碌，为大人而"成长"。正如美国塔夫茨大学儿童发展系教授艾尔金德所概括和描述的那样：儿童的日历忙碌——在他们还不具备意志力做一件事之前强迫他们去做，让未来的日子快快来到；儿童的钟表忙碌——在短时间内向孩子提出过多的要求，强迫孩子消耗他们储存的能量。

　　儿童需要忙碌——积极的快乐的智力生活、精神生活。而"被忙碌"打乱了儿童生命成长的节律，挤压了儿童的快乐、自由和生长，以至于产生了童年恐慌。用什么来抵挡和驱赶童年恐慌，用什么来恢复儿童的生活状态和本色，这实在是一个重要而又急迫的问题。

　　答案应当是明确的，我们应拿出一个方案来。暂不讨论方案的框架，因为那十分复杂。但是我自信，建构起儿童的文学生活肯定是方案中的重要内容——如果儿童在其文学生活中忙碌一点，获得的将会远远超过儿童文学生活本身，因为那是一种精神价值和意义的获得。

　　不过，我们还需要进一步讨论儿童文学生活的深刻意蕴，否则它可能会成为空泛的口号，而不被教师真正认同。朱自强先生有一个重要的判断：儿童文学大有深意，大有作为。深意何在？作为何在？他引用法国学者波尔·阿扎尔的话："就算找遍全世界，也没有任何一个国家能像英国那样，在给儿童的书籍中，成功地镌刻上不朽的国民性。这并不是吹嘘，因为仅用儿童读物也许就能重建英国。"因而，梅子涵先生说："文学不会有太阳落山的时间"，"我们关怀不朽"。儿童文学的不朽，就在于它在儿童心田里播下了精神的种子，引领儿童的精神生长。我们应当认同，儿童文学之手是可以推动地球的。

　　儿童文学生活这一话题的策划者周益民组织了三种案例：文学阅读、文学创造、游戏生活。我以为，这是对儿童文学生活形态的基本划分，特别有意思的是

游戏生活。席勒早就在《审美教育书简》一书中对儿童游戏作了阐述。显然，儿童文学生活的实质就是席勒所说的审美游戏。而审美游戏将会引导儿童走向自由，因为这样的游戏才能将儿童从自然和法则的双重强制和奴役中解脱出来，只有"通过自由给予自由"。无论是哪种形态的儿童文学生活，都会在一定程度上解除成人对儿童发展的违约和剥削，进而在一定程度上解除童年的恐慌。

儿童文学生活这一命题与语文教学密切关联。不仅如此，这一命题还拓宽了语文教学的视界，为语文教学开了一扇窗，把语文教学引向更为丰富的生活田野。这是语文教学的一片开阔地。在这片开阔地里，语文教学定会呈现更生动的教育情境。于是，语文教学改革也将会走向深处。

儿童在开阔地里生活着，让我们再一次体验到儿童文学生活在教育中的神圣和伟大。

让学生成为种诗的人

——《爱的教育》对作文教学的启示

一 | 《爱的教育》
  与作文教学发生意义联结

　　曾读到一篇报告文学，是写我国著名的儿童文学理论家蒋风先生的。因家境贫寒，蒋风先生直至三年级才有机会插班读书。对那位教数学的女教师，学生们特别喜欢，其中一个重要原因是，老师每周利用一节数学课，专给大家读小说《爱的教育》。整整读了一个学期，读完了，学生们一直沉浸在动人的故事之中。学期将要结束时，老师又利用数学课开展了一次特别的活动：用小说中人物的名字命名班上的同学。从此，班上就有了那位勇敢的少年鼓手，有了深夜为父亲抄写上学的笔耕少年，有了六千里寻母吃尽千辛万苦并在最后关头救了母亲的孝子……可是，蒋风一直没有得到命名，好不伤心。老师发现了，请他到宿舍，表示歉意，还赠送他那本《爱的教育》，并且在扉页上写下两行字："永远记住，做一个平凡的人，但一定要让平凡的心闪烁出不平凡的光彩来。"蒋风怀着《爱的教育》和老师的题词，走出了小学，走进了中学、大学，走上了儿童文学研究之路。

　　对于这个故事，我曾亲自问过蒋风老师。我觉得《爱的教育》是一本很神奇的书。虽然我不能肯定是《爱的教育》让蒋风成了儿童文学理论家，但完全相信，是《爱的教育》，是老师的题词鼓舞了他，启发了他，引导了他。我想，《爱的教育》究竟有一种什么样的力量，最终给蒋风的心灵播下了什么特殊的种子？同时，《爱的教育》也会给我们带来什么？比如，它会给今天的语文教育甚至当下的作文教学带来什么新的启迪？这是一个相当有意思的话题。于是，我要再一次好好读读《爱的教育》。

　　我又读了，很快地却是认真地读完了。当我掩卷遐想时，突然发现《爱的教育》也向我不断地透射出爱的光芒，照亮儿童教育，同样也照亮语文教育。而且，我隐隐地觉得，《爱的教育》也照亮了作文教学，为我们送来一束智慧之光。换个角度说，当我们怀着爱去读的时候，我们一定会从《爱的教育》中发现真正的教育、真正的语文教育和真正的作文教学，一定会找到学生爱作文、会作文的密码。我深深以为，《爱的教育》不只是一本吸引人的小说，也不只是一本活的教育学，而且是一本极有风格的课程论、教学论，甚至可以认定，它还是一本深藏着密码的作文教学指导书。它是经典，所谓经典，就是"我又在读""我还在读"。《爱的教育》与作文教学的意义联结、想象，正是在"又在读""还在读"中发生的。我们要进行《爱的教育》与作文教学意义的嫁接。

二 ｜《爱的教育》
　　中闪烁着作文教学智慧，温暖着儿童的心

　　不想多去介绍作者亚米契斯，也不想多去介绍《爱的教育》的诸多精彩故事。但有一点是必须介绍的：这是亚米契斯以自己儿子的日记为基础改编成的日记体小说。主人公昂里克，一个刚升到四年级的男生，在不到一年的时间里，经历了许多，书中是他的所见所闻所思所想。在最后一部分，小说比较集中地写了昂里克在舅舅家疗养时发生的故事，其中包括关于昂里克作文的。如果作些梳理、概括，不难发现主要有以下几个方面。

其一，关于作文发生的地方。对儿童来说，最好的课堂在哪里？最好的教材是什么？舅舅是这么对昂里克说的："你已经把学校的椅子和教科书都扔开了。你以后的椅子是花园里的石头或海岸的岩石，我就做你的老师。""我不叫你做背诵这类的功课，你一定做个成功的人。要想成为有价值的人物，拿着教科书是不行动。"他又说："你有着好好的两只眼睛，应该用这眼睛去看世界。你又有着好好的心，应该用这去思考。"舅舅告诉昂里克，要往前走，但不能只管低头自己

前行，要留心一起走的人，要注意从对面走来的人，要顾到路旁的田野和森林，要远望在地平线那方的山。路上的这一切都可以成为自己的活教材。舅舅动情地说："书本中所写的和老师所教授的，只是从自然这部大书中跳出来的东西。自然是智慧之母，是老师的老师。"他还教昂里克去观察路边的松树，写一篇关于松树的感想告诉母亲。他说："替我告诉她，舅舅教你的第一课就是松树谈。"舅舅说得实在太好了，我不舍得做删减。是啊，语文课堂究竟在哪里？舍弃大自然这本教材，是多么愚蠢啊！第一堂作文课怎么上，难道一定要在教室里吗？第一次作文怎么写，难道一定要写我"难忘的一件事"？

其二，关于写作文的学生。学语文、写作文的孩子是什么样的人？历来大家认为，孩子就是学生，就是练习写作文的人。这本没有错，可舅舅不这么认为，他有独特的想法、见解。他说："每人都应是诗人。如果我们没有诗人之心，那么他的人生就不能开出美的人生之花束。"舅舅还说，孩子应是一个"种诗的人"。种的是什么诗？究竟什么是诗？舅舅这么说："我们不仅应当有生命的面包，还应当懂得怀念、爱、思考，这些是生命的葡萄酒。葡萄酒要比面包更重要。""一旦种下了诗，任何平凡的事物也会生长出爱与幻想，一切都会含有别样的情趣，来把人心温暖起来。"多美妙的比喻！孩子不是在作文，是在种诗。种下了爱，种下了思考，种下了幻想，就是种下了诗。看来，作文应当是美妙的，写作文的孩子是伟大的。

其三，关于作文的题材。好的作文练习题从哪里来？舅舅家后面是一个农家，农家有个尚在摇篮里的婴孩，可是父母无暇关心到他。舅舅带昂里克去，轻轻打开门，明晃晃的太阳照进来，射破了室中的昏暗，映在小孩的脸颊上。立刻，小孩把水汪汪的大眼睛睁开，擦着眼睛，深深吸了一口气，又呼地吹出来，似乎想把阳光吹走。哦，原来，那小孩是把这阳光当作每晚母亲为他吹灭点在枕边的蜡烛。舅舅说："看啊，想把这样单纯的比太阳还伟大的小孩的样儿，用画笔画下来，不，写成诗更妙。怎么样，你有了好的作文题，就叫'想吹灭太阳的小孩'。"这简直是一幅油画，简直是充满奇特想象力的一首诗！好的作文题目就在生活中，就在想象中。

其四，关于作文的标准。什么样的作文，才算是好作文？舅舅在后来的几天里一直在谈论"想吹灭太阳的小孩"这个题目。他认为，好作文首先是"自然的单纯与伟大"，"就因为单纯，所以伟大"。其次，好的文章能叫人思考。舅舅深情地说："一个小孩在摇篮里，阳光照在脸上，这是世界中随处都可看到的自然现象，可是，这自然现象却能深入我们的心里面，叫我们深思。"最后，好的作文能引起人们更多的联想。舅舅想到的是，"噢，太阳永不厌倦，永不疲劳，也永不冷却，成年累月把光与热赐予人间，一代又一代，太阳对于妄自夸大无知的人们，不知给予多少恩惠！"诗一样的题目，哲学般的思考，这才称得上好文章。看来，文章的思考深度是多么重要。

其五，关于作文的品格。作文应是有品格的，那作文应当拥有什么样的品格呢？舅舅曾经是海员，在海上生活了几十年。此后，他一直生活在田园里，而且作了一项试验，把从西伯利亚带来的大麦种子种在温暖的意大利海边。试验的结果是：在温暖的海边，大麦竟然保持了在冰国的品格，有着顺应气候而长的特点，具有巧妙的抵抗力。舅舅对昂里克说："习惯可以成为天性。""人也是一样。人由于教育环境的善恶，可善亦可恶。不但如此，我们所得的善可以传给子子孙孙……你还年小，还听不懂我的话，只要将来长大了，能记住我今日关于大麦的话就好了。"舅舅其实谈的不只是大麦的品格，而且是人的品格，是关于作文的品格：养成传递善的品格、顺应的品格、抵抗不良环境的品格。作文的品格，实质上是人的品格。

　　还有许多关于作文的故事和描述，我就不去作更多的整理了。这已经让我们感受到《爱的教育》关于作文的智慧了，已能温暖我们的心了。

三｜作文教学要满怀着爱，
　　让学生成为诗人种下诗

　　《爱的教育》中，作文教学的元素十分丰富，等待我们进一步开发和利用。如果能从开发中汲取生动、新鲜的见解和经验，改进当下的作文教学，将是一件相当有意思也有意义的工作。而所有的开发和利用，定会温润当下的作文教学。温润是一种不温不火而又有内涵的力量，让我们的作文在儿童的心里种下一些什么，而这些种下的将来一定会长出什么。这样的温润，会让我们跳离现有的作文教学的框子，打开一扇新的窗户，让明亮的阳光进来，让新鲜的空气进来，让独特的风景在儿童和教师的眼前呈现。这样，《爱的教育》最终温润的是我们的心灵。心灵温润了，还怕创造不出美好的作文教学来吗？还怕写不出好的作文来吗？

　　作文教学要让儿童成为"种诗的人"，种下爱的种子、梦想的种子、思考的种子……亚米契斯告诉我们，作文绝不是一件技术活，作文教学绝不是教作文技术的过程。当然，儿童也不只是写作文的人，也不是掌握了所谓作文的速成密码就会写出好的文章来的。相反，儿童在练习作文的过程中，应当成为一个诗人，在作文本里种下诗，在心田里种下诗，在祖国的大地上种下诗。昂里克舅舅对诗的理解如此震撼着我们的心："诗在，国也就在。在国民最勇敢、最正直的时候，往往能产生一大批优秀的诗人。""有诗的生命能充满活力充满希望。人们只会想着眼前的辛苦，没有勇气面对未来，心里没有希望，就不会产生诗了。"舅舅说到这里就沉默了，我也沉默了许久。是的，作文种下的不应只是文字，而是用文学所表达的诗情、诗意。

用雪莱的话说，诗人是这个社会的最后一个立法者。种下了爱，就是种下了诗。通读《爱的教育》，爱的味道一直沁人心脾。我不敢说爱能解决作文教学的一切问题，但我敢说，爱能改善教育，能改变作文教学，能解放儿童。以往的作文教学中，我们有多少爱呢？我们给了儿童多少爱呢？儿童心里又生长出多少爱呢？把作文教学当作播撒爱、感受爱、创造爱的过程，我们的心才会温暖，儿童的作文才会美好。《爱的教育》其实是昂里克怀着真诚的爱，写下的一篇篇日记，种下的一首首诗，是爱的种子让《爱的教育》成了儿童之诗、生活之诗、心灵之诗。

种下梦想也就种下了诗。梦想是对未来对理想的想象、期盼与追求，没有

梦想就不会有未来，不会有理想。作文不能囿于对当下生活的描摹和追求，它应当让儿童去追梦，在追梦中培植勇气与实现梦想的创造力。但当下的作文教学常常以不真实、不切实际扼杀了儿童的梦想力，又常常以成人的标准绑架儿童的梦想，并以现实生活中的具体利益和问题驱赶儿童的梦想。我们是否让儿童永远有梦想，是否应该先解放自己再去解放儿童，并在解放儿童中进一步解放自己呢？

种下想象也就种下了诗。"想吹灭太阳的小孩"，多么奇妙的想象！由明晃晃的太阳光想到傍晚为小孩枕边点亮的蜡烛，从吹灭蜡烛想象到吹灭太阳，从吹灭蜡烛的妈妈想到吹灭太阳的小孩，想象一直在延续、在拓展。想象是儿童发展的第三种力量，想象的翅膀把我们带向远方，带向未知的未来，把整个民族带向创造的新天地。想象要大胆，不能以"想象要合理"为由让儿童的想象折翅而不能飞翔。什么叫合理？合理的标准是什么？其实是说不清的，何必如此拘泥于所谓合理而自缚手脚呢？有的想象，就当时而言简直是胡思乱想，连"合理"的边都沾不上，最后不也成功了？所谓想象不合理，还是最终让时间来证明吧。

种下思考的种子也就种下了诗。我们十分重视学生的观察训练，这肯定没错，但肯定又非常不够。"前眼观察，后眼思考"，可以成为对观察最完整的定义。只有用眼睛观察，而无用心思考，不是真正意义上的观察；观察是为了捕捉，也是为了思考，经过思考的观察，才会有意义、有价值。有思考含量的作文才有深度，彰显了思考的力量才会对自己对别人有新的、深的启发。其实，舅舅一直引导昂里克在观察中思考，那发生在一次又一次的散步中。于是，《爱的教育》最后才有了关于农夫、船夫、商人、工业家、艺术家等职业的思考。"我的孩子啊，你如果读了这篇文字，从中学到了一些东西，更须自省，选择适合自己的路，将来成为本职业内有贡献的人物啊。"这是舅舅的祈愿。那作文教学的祈愿是什么？

《爱的教育》中有父母写给昂里克的信，还有"每月例话"，说的是一个个故事，每一个故事都感人肺腑。其中，"爸爸的看护者"打动了每一个人。这位看护生病爸爸的少年希西罗，一直以为他看护的是自己的爸爸，最后才知道他看护的竟是别人的父亲，可他还是要求留下来继续看护。他对自己说："我现在还不能走！那个爸爸啊！这五天来我都把他当作爸爸……爸爸，让我照顾他吧！"第二天那个病人去世了，护士把窗上养着的花交给希西罗，他将花分开散在病床四周，说："把这留下当作纪念吧。"最后，他向着死者，脱口而出："再会，爸爸！"说完，他拖着疲惫的身子，走出了医院，天已亮了……读完，眼泪已盈在眼眶，那真情，那发自内心的一声"爸爸"，撞击的何止是在场内周围的人呢？像这样的"每月例话"，难道不是作文教学吗？难道作文教学一定是课堂里写的作文吗？阅读、讲故事、听故事，写日记……都是极富魅力的作文教学。《爱的教育》开拓了我们的视野和路径。

永远记住：作文教学，语文教育，就是让儿童成为诗人，种下他们来自生活、发自内心的诗。这样的作文教学，才是伟大的、神圣的！

积极的自然状态：儿童阅读境界的追求

儿童阅读是基础教育的一个重要命题。这一命题引起了人们普遍的重视，各地和学校也创造了不少宝贵的经验。这里想强调一点，儿童的阅读状态应引起我们更多的关注和研究。

不同的阅读状态体现了不同的阅读理念，反映了不同的阅读境界和水平。阅读状态包括阅读方式、组织形式和阅读的心理状态。儿童阅读状态直接影响着阅读水平以至阅读目标的实现，它应当成为儿童阅读中一个亟待研究的重要课题。

我以为，当下的儿童阅读存在一些值得探讨的问题。一是儿童阅读在某些地方成了"变相"的语文课，着重于知识的传授和技能的训练，背诵、摘录、讲解、分析成为儿童阅读的主要方式。这实质上是阅读的知识化和工具化，儿童少了阅读的自主、自由和快乐，其后果是伤了儿童阅读的兴趣和"胃口"。二是儿童阅读的形式主义，以结果为重点，以汇报、展示及竞赛为主要组织方式。适当的汇报、展示、竞赛，可以起到宣传和推动的作用，但绝不是阅读的基本组织方式，更不应使其表演化。三是儿童阅读的运动化。儿童阅读应当成为所有学校和所有学生普遍的行为，为此应当创造良好的环境和气氛，但绝不能运动化。以上三种现象和倾向，必然会影响儿童的阅读状态，使阅读失去真正的意义和价值，与儿童阅读的宗旨和特点南辕北辙。

我们应该提倡积极而自然的阅读状态。

　　首先，是一种自然状态。自然状态可以包含以下要点。其一，是真实的状态。也许刚开始纪律并不怎么好，阅读时还有嘈杂声，一些学生不专心，做小动作，甚至有抵抗行为，阅读的感受、体会只是三言两语，不够丰富。这些都是真实、正常的。正因如此，我们才需要去组织、去指导，如果一开始就呈现绝妙的佳境反而不正常，也会失去教育的价值。其二，是自由的状态。自由应当是阅读的最高准则和境界。自由的状态表现为儿童根据自己的兴趣和需要，自主选择读物，而不是组织者一味地统一发放所谓的必读书；表现为以自己的习惯，在自己喜欢的时间、地点，以喜欢的方式阅读。其三，是自觉的状态。儿童阅读是儿童教育的主要内容和形式，应当对儿童阅读提出一定的要求，规定一些必要的标准。但是，儿童阅读最终应形成"阅读自觉"。儿童的阅读兴趣、阅读风格各异，所以应提倡以儿童自愿参与为主，不能过于强求。也许有的儿童恰恰是对阅读以外的另一方面更有兴趣，也许在"另一方面"的活动中开始体会到阅读的重要，而重新自觉参与到阅读活动中来，这些都是允许的。总之，自然状态的形成，关键在于组织者对度的把握。

　　其次，是一种积极的状态。这种状态包括以下几点。其一，积极参与的状态。在儿童的阅读兴趣方面，不能跟着儿童的兴趣跑，因为阅读兴趣是可以培养的。因此，儿童阅读不应该是"零压迫感"，而应有"适度压迫感"，促使儿童以积极的姿态参与到阅读中来。其二，活跃的智力活动状态。阅读是一种享受，是一种快乐，但享受快乐不是浅表的，而是投入以后的收获；儿童阅读需要轻松、自由，但也需要智力活动的积极、思维的活跃，而不是一种懒散的状态。其三，认真的状态。余秋雨说得好："在孩子们还不具备对古诗文经典之类理解能力的时候，就把经典交给他们，乍一看莽撞，实际上却是文明传代的绝佳措施。幼小的心灵纯净空廓，由经典奠定，可以激发他们一生的文化快乐。"因此，对儿童阅读应有严格的要求、认真的态度。

　　积极的自然状态，是儿童阅读的理想状态。让儿童在阅读时保留他们的童真童趣，让阅读成为儿童生活的一部分，让教育渗透在阅读中，让儿童以个性化的方式阅读，让个性在阅读中得到发现和发展。在这样的状态中，阅读的兴趣比意义更重要，视野开阔比知识获取更重要，行为习惯的养成比读书数量更重要。也正是在这种积极的自然状态中，儿童的心灵得到滋养，精神得以发育，生命蓬勃成长。

伊莎贝拉，教育的名字和牌子

故事可以提供一个分享的世界。

法国电影《蝴蝶》实在是一个极感人、极具文化启蒙的故事，它给我们分享了一个熟知而又陌生的儿童世界。故事涉及一对父子和一对母女。父亲于连，饱经风霜的老人。多年前，他的独子正值28岁花样年华，突然得了忧郁症，万念俱灰，只有美丽的蝴蝶标本才能带给他片刻欢愉——他渴望得到一种名叫"伊莎贝拉"的名贵蝴蝶标本。不久，儿子飘然远去。小女孩叫艾尔莎，只有七八岁，她母亲也只有20多岁。年轻的母亲贪玩，常常忘了按时去接孩子。可怜的艾尔莎有时待在于连老人的家里。故事就发生在于连和艾尔莎之间。

故事自然离不开蝴蝶。老人打点行李，准备奔赴深山寻找伊莎贝拉。艾尔莎也跟着去了，想以离家的方式"惩罚"母亲。一路上，老人沉默寡言，心事重重。艾尔莎天真烂漫，她的话让老人第一次那么清晰地看清自己心灵的每一痕皱褶，灵魂的每一丝污垢。艾尔莎有三次刺痛并点醒了于连。第一次，老人帮艾尔莎穿衣服时，不小心弄痛了她，她生气地说："你肯定没有小孩！因为你照顾我很笨。"这句话刺痛并点醒了他——也许正是自己的冷漠与疏忽，滋生了儿子后来的忧郁。第二次，他们终于看到成群的翩翩起舞的蝴蝶。老人把女孩捕获的第一只蝴蝶放入小瓶，瓶中有氰化钾，蝴蝶会扑扇几下翅膀毫无痛苦地死去。女孩死死地盯着老人说："这是偷猎！"这句话又刺痛并点醒了老人——收集蝴蝶也许会给自己带来短暂的安慰，但这一转瞬即逝的安慰是建立在蝴蝶的死亡之上的。第三次，老人支起幕布，诱捕蝴蝶。终于，美丽的伊莎贝拉出现了，老人欣喜地去捉，女孩跑过去，一个趔趄，撞翻了幕布，伊莎贝拉飞走了。老人十分生气，他离开女孩跑到远处，而女孩深夜看不清路，掉入山洞，后来获救。这又一次刺痛并点醒了老人——任何时候，成人都不能怨怪儿童；儿子的忧郁，儿子的消逝，不是与自己的疏忽以及不关心、不理解有关系吗？

影片的结尾特别耐人寻味。老人问女孩："你妈妈叫什么？"女孩对着老人的耳朵悄悄地说："我妈妈叫伊莎贝拉。"老人会心地一笑，说："我们共同找到了她。"伊莎贝拉，就是爱。

是的，儿童的淳朴纯真，让我们认识了自己、发现了自己。我们应多听听儿童的话，多看看儿童的脸，才会真正走进儿童的心灵，和儿童一起找到美好，找到幸福。美好和幸福也像蝴蝶一样，有名字，有牌子，叫作爱。

真正良好的教育，也叫伊莎贝拉。

教育视界里的儿童学习

　　教育世界，既指教育本身是个世界，又指教育世界联结着外面一个更大的世界。如何看待教育世界，关乎你拥有怎样的教育视界。教育视界离不开教育世界，只有基于教育世界的教育视角，才会有大视野，才可能构筑大格局。大视野、大格局带来大智慧。当下的问题就在于，我们的视野不够开阔，格局不够开放，也不够丰富、生动。教学智慧，教学大智慧的讨论与生成，尤其是生成，千万别离开大视野与大格局。

　　如何看待教育世界，端正我们的教育视角，相当重要的是如何看待教育世界中的人，包括教师和儿童，尤其是儿童。教育改革如此，教学改革也是如此。美国哈佛大学的爱莉诺·达克沃斯采用"临床访谈"研究教学，而且将"临床访谈"发展为一种使教学与研究一体化的教学方法论。这种"临床访谈"，既是教学又是研究。张华教授将其概括为"教学即儿童研究"。可见，儿童应当是教育世界的主人。教学不研究儿童，不将教学与儿童研究一体化，教学就不可能真正成功，教育世界也会黯然失色。当然，所谓教学智慧，也就无从谈起。

　　教育视界常会用一些"隐喻"，这些"隐喻"表达了对世界的看法。比如，蒙台梭利称儿童是上帝派来的密探；马克思说，如果你不爱儿童，将来到天堂报到时，上帝都会拒绝你；我也试着将教师"隐喻"为"派到儿童世界去的文化使者"，如此等等。"隐喻"无非想把问题说得更深刻些。不过，黑格尔在《美学》第三章集中讨论了"隐喻"问题。他认为，"隐喻其实也就是一种显喻"，每一种语言本身就包含了无数的隐喻，但"隐喻"用久了，便逐渐失去它的"隐喻"性质。关于儿童和教师，不论哪一种"隐喻"，说的都是"儿童就是儿童"这一"显喻"。在教学过程中，儿童"显喻"即让儿童的学习看得见，思维看得见。教育视界就应当让"隐喻"不断成为"喻"。

谈论儿童的一般学习并不够，还应当讨论儿童的深度学习。用达克沃斯引用皮亚杰的话来说，就是："问题不在于发展得多么快，而是发展得多么远。"接着，达克沃斯自己用了一个比喻："用砖一块接一块地垒起来建塔是一件非常快的工作。相比之下，建一座有很宽厚的地基或很深的地基的塔所花的时间要长得多，但是前者的高度很快就会达到它的极限。"学习、发展不在快，而在远；而远，在于学习的广度和深度。达克沃斯说，广度和深度"是创造联结的问题"，"广度可以看作是相互有关联的不同经验的范围，深度可以看作是经验的不同方面间的不同联系"。当我们开始关注教学中的儿童学习，这当然是进步，但显然还不够，还必须关注儿童的深度学习，即关注他们的"创造联结"。

教育视角如此丰富，从教育世界去看教学，看教学智慧，如此广阔，如此生动。让我们有一双观察教育世界的慧眼，让慧眼去改变我们的教育视界吧。

第四辑

心灵的谷仓
与那口藏着的水井

教育首先是一种保护。保护学生创造的天性、丰富的潜能，保护学生的好奇心、求知欲，甚至还应善意地保护学生恶作剧那样"可爱的错误"。

儿童快乐，往往意味着儿童为创造而探究着、忙碌着，这样的探究、忙碌是他们最大的快乐。

学校这块文化栖息地，就是学生愉快的乐园、精神的家园、创造的摇篮。

我没有困惑，只有快乐

电视台组织了"孩子教育大家谈"市民论坛。主持人说大家可以先谈谈自己的困惑。于是，学生、家长、教师，困惑纷呈。美国人戴博先生是特邀嘉宾，他说："我的两个孩子还小，我现在没有困惑，只有快乐，因为我爱他们。"

我想，戴博先生所说的"没有困惑只有快乐"，并不是说孩子小，困惑还没有到来，也不是说困惑并不存在，或者说对困惑视而不见，而是说我们该如何看待、对待困惑，在困惑面前应该有一种什么样的心态——是被困惑所惑、所累、所压，还是看轻它、超越它？

过去和现在反复解释着一种现象：在困惑抑或困难面前，往往是人们的心态而非知识或技能决定其处理方式甚至结果。原因是什么？我以为，在心态的背后，实际上是理念。困惑是什么？是迷惑、烦恼、困难、障碍，但它更可能是发人深思的话题、可供开发的资源。困惑中往往蕴含着教育契机，有时它只是一层纸，揭开或捅破它，可能就是明朗、清晰和光明。所以，困惑可以生发教育的智慧，给人以信心和快乐。

儿童世界、成人世界是两个完全不同的世界。儿童说，世界是由一百组成的，有一百双手、一百种语言、一百种念头。但成人却说，不，世界只有一。儿童说，游戏就是学习，科学需要想象，而成人却把学习与游戏分离，把好奇和想象驱散。正因如此，在成人看来，儿童表现出的都是问题，带给成人的都是教育的困惑，于是有了更多的烦恼和苦闷、更少的快乐和享受。对待教育孩子中的困惑，实质是如何对待儿童世界和儿童文化的问题。用上帝的眼睛来看，儿童是天使。每个成人心中要有上帝住着，它的名字叫"爱"。

教育儿童，空谈是不能解决问题的，产生的困惑比我们想象的要丰富得多，复杂得多，解决起来艰难得多，有时甚至会让我们显得无能和无奈。但是我想，只要理念提升了，方法总会有的，技巧总会有的，艺术总会有的。

教育的智慧和快乐总会伴随着困惑，让我们只有快乐而没有困惑吧。

孩子，我对你说

一 | 孩子，

你快乐吗？

我喜欢孩子。我喜欢快乐的孩子。

我常常会问孩子一个问题：你快乐吗？

同样，我会问拉萨路小学银城分校（以下简称"银城小学"）的孩子一个问题：你快乐吗？

我似乎听到伴随着清脆的银铃声送来的回答：快乐。

是的，我相信，相信银城小学的孩子们是快乐的。

你看，《银铃叮当》这本杂志，是为你们搭建的一个展示才能的舞台，是为你们建设起来的交流心得体会的家园。尤其是，这本杂志由你们自己组稿，自己编辑，当然是你们自己阅读。总之，这本杂志是你们自己的。这就告诉我们一个道理：当学习、活动、工作，变成自己的事，自己是学习、活动、工作的主人的时候，你才是快乐的。

你看，这本杂志中有"原创泡泡屋"，屋子里是你们自己创作的作文，还有诗歌、童话。杂志里还有"玩转数学"，是说数学虽然很难，但很好玩，我们要玩数学。杂志里有"创意生产线",都是你们自己在生活中创作的摄影作品、图画作品、书法作品,还有小发明、小制作。欣赏自己的东西,一定是快乐的。

　　这还告诉我们一个道理:当学习、活动、工作变成好玩的、有趣的,特别是创作过程的时候,你才是快乐的。创造是快乐的,快乐是创造的源泉。

　　你再看,杂志里有许多珍贵的照片,与伙伴同乐,与父母同乐,与老师同乐,当然还有自己的快乐。什么叫同乐?就是大家一起快乐,只有大家快乐,自己才是真正快乐的。与伙伴在一起,会有不愉快的时候;与父母在一起,也会有成长的烦恼;与老师在一起,仍会有矛盾。但是,不愉快、烦恼、矛盾,都会通过相互理解来解决。个人往往是孤独的,集体、家庭才会给你带来快乐。

　　这告诉我们另一个道理:快乐来自对别人的关心,对别人的帮助;快乐来自

合作、互助、共进。当你关心你的小伙伴的时候，当你关心你的父母的时候，当你关心你的老师的时候，快乐就会来到你的身边。因此，你是快乐的。

千万不要以为，快乐就是轻松，就是享受，真正的快乐需要你的付出，需要你的努力。学习功课，获取知识，怎么能不刻苦呢？劳动会给你带来幸福，不劳动的人怎么可能快乐呢？有时遇到困难、碰到挫折，这是对你的挑战、考验。如果回避，你不可能成功，当然也不可能快乐。

从这我们能领会到一个道理：快乐与刻苦为伴，快乐与勤奋为友，快乐与克服困难和挫折同行；哪里有刻苦的精神、不懈的努力，哪里就会有快乐。

到这儿，我再问你：你快乐吗？

我想，你一定会有一个明确的答案。

二 | 勤奋，
   让你找到办法

银城小学有几个词是人人都爱说的，也是人人都会说的，那就是：更快乐、更健康、更勤奋、更聪明。这是学校对学生的要求和期望，也是学生努力的方向和目标。慢慢地，这些就成了银城小学所有学生的共同形象。凡是从银城小学走出来的学生，他们都是那么快乐，那么健康，那么勤奋，那么聪明。

快乐、健康、勤奋、聪明，是一个整体。就像是一个人，你中有我，我中有你；又像是大家庭中的四个兄弟姐妹，各不相同。比如说勤奋。勤奋的人一定是快乐的、健康的，会使你变得聪明起来。反过来说，不勤奋，就不会有真正的快乐，心理未必是健康的；再聪明，但不勤奋，也不会"更聪明"，至多只是"小聪明"，而不是大智慧。因此，勤奋是一种品质，是一种精神，是人的一个宝。

达·芬奇说：勤奋，使你一夜安眠；勤奋，使你幸福一生。

你们可能听说过季羡林先生，他被称为大师、泰斗、国宝（当然，他很谦虚，不承认，越是有学问的人越是谦虚）。在清华大学的校园里，流行一句话：季先生不是闻鸡起舞，而是鸡闻季先生起舞。就是说，季羡林比鸡起得早——他多勤奋，多刻苦啊！

你们可能听说过"头悬梁，锥刺股""凿壁偷光""囊萤映雪"的故事，都是说的古人勤奋好学。后来，这些故事成为大家熟悉的成语。虽然我们并不赞成用这些方式去学习，但是古人的学习品质十分可贵，他们刻苦、勤奋、执着的精神至今都值得我们学习和发扬。

你们可以对照自己。老实说，有些学生怕苦的现象还是存在的。比如，有的学生怕读书，怕写作业，怕劳动；有的做事不能坚持到底；有的取得一点进步就满足，不想下更大的功夫，争取更大的进步；有的凭兴趣学习，兴趣固然重要，但是仅凭兴趣还是不够的……所以，勤奋是一种意志力，是一种坚持力，是学习、进步、成功的秘诀。居里夫人曾经这么说：失败者总是找借口，成功者永远找方法。比尔·盖茨也说过类似的话：一个善于为失败准备借口的人，无论怎么掩饰，都是一个不折不扣的懦夫。孩子们，你们有时会找借口吗？我们还是接受居里夫人和比尔·盖茨的建议，永远去找解决问题的方法和办法——这就需要勤奋。

银城小学向学生提出的要求，不仅是勤奋，而是"更勤奋"。我的理解是，你们已经比较勤奋了，但还得更勤奋，越来越勤奋。可以说，勤奋永远没有终点；更勤奋，实际上是要求大家把勤奋当作一种习惯。习惯勤奋了，你才会越来越进步。

不过，我还得提醒你们，更勤奋时应该是快乐的，是自愿的，是主动的。这样快乐伴随着勤奋，勤奋伴随着快乐，你就会成为一个快乐的小智者。让我们大家比一比，谁更勤奋，谁更刻苦，可能是我，可能是你，也可能是他。也许，银城小学的每一个孩子都是更勤奋的。

三 ｜ 六月的礼物：
　　　更健康

六月又到了，该准备什么礼物送给你们呢？最好的礼物应当是祝福，而最好的祝福，是银城小学的四句话：更健康、更快乐、更勤奋、更聪明。这四句话将陪伴你们度过六年小学生活，也将陪伴你们的一生。

请注意，四句话中的第一句是：更健康。为什么"更健康"这么重要？还是先讲一个幻想故事吧，故事的题目是《遥远的声音》，主人公叫正彦。

正彦是个听话的孩子，可他有一个缺点，那就是太胆小了，做什么事都得向妈妈请示。一个星期天的早晨，妈妈叫正彦到培训班去。正彦去了，但今天培训班不上课，是妈妈记错了时间。他多想玩啊，但是不敢。于是，正彦到马路旁边的公用电话亭打了一个请示电话，话还没讲完，一辆汽车失去控制冲向马路，正彦被车撞倒了！表哥正好从旁边经过，听到正彦给妈妈打电话的两句话：妈妈，我想玩，你同意吗？……从此以后，正彦的家里总是有奇怪的电话打来，就是正彦向妈妈哀求的声音：妈妈，我想玩，你同意吗？正彦的爸妈以为是表哥用录音打来的，是恶作剧。表哥为了证明自己的清白，来到正彦家里。电话铃声又响了起来，表哥抢先拿起话筒，对正彦说：正彦，你勇敢点，你想玩就玩！从此以后，奇怪的电话再也没有出现过。

　　这是个幻想小说，但我总觉得故事就发生在我们身边。不是吗？大人都应有这样的体会。所以，这个故事首先是讲给你们的爸爸妈妈听的。我知道，爸爸妈妈做的一切都是为了孩子，但一切中的一切，最重要的是孩子的健康，没有健康的身体，你们怎能学习，怎能有更好的发展，怎能有自己的幸福？健康来自哪里？德国哲学家尼采说："一切从身体开始。"让身体活动起来，让身体健壮起来，这也是一种生活，叫"身体生活"。没有正常的身体生活，没有自己的体育锻炼，孩子们的身体是不会健康的。现在的孩子太忙碌，是大人让孩子这么忙碌的。在忙碌中，大人忘掉了孩子的活动，忘掉了孩子的体育锻炼，结果是"忘掉了，甚至是牺牲了孩子的健康"。所以有人说，游戏、活动是儿童忙碌的一剂解药。健康的关键是解放孩子，让孩子有自己的游戏，有活动的权利和时空。

　　我不知道银城小学的小朋友们，读了这个故事是怎么想的。你们肯定会有许多想法和见解，因为你们"更聪明"。不过，我还得提醒几句：第一，做爸爸妈妈的孩子还是要听话的，爸爸妈妈的意见要注意倾听、采纳，千万不要以为听话的孩子就不是好孩子。第二，自己的权利要争取，尤其是自己游戏、开展体育活动的权利。爱玩的孩子，会玩的孩子，是健康的孩子，往往也是聪明的孩子。第三，小朋友不仅要身体健康，更要心理健康。热爱生活，心里充满阳光，学会坚强，不能为一点小事就生气，也不能为一点不愉快就想不开。健康的孩子一定是个愉快的孩子，一定是个脸上总是挂着微笑的孩子。这样，身体健康、心理健康，童年生活就快乐幸福了。

　　银城小学的"更快乐、更健康、更勤奋、更聪明"，是给你们的最好礼物。请伸出双手，接受这幸福的礼物吧，让自己永远健康，用健康去追求童年的幸福，追求自己的理想，为祖国和全人类服务。

等待：是艺术也是科学

　　一张小嘴嗫嚅着想回答又说不出来；一道题目做了一半，却怎么也进行不下去……课堂上常常出现这样的情况，教师是急躁地打断，还是给儿童一些思考的时间？有的教师总是急于听到"正确"的回答，过早地把现成的知识和盘托出，迫不及待地将知识往儿童的头脑中填塞……我们为什么不给儿童多一点动脑筋的时间呢？要知道，对儿童的教育，需要等待。

　　儿童通过接受教育得到发展，但发展不是一蹴而就、立竿见影就可以收到效果的。将外在的教育内容内化为学生自身的素养，发生在潜移默化之间，因为内化结果的获得需要一定的时间。教育是一个过程，教育活动这个过程本身就是一种等待。

　　儿童对事物的认识有其特点，我们不能以成人的思维来看待他们；儿童是千差万别的，不同的个体在接受教育的能力上各有不同，不能以同一标准要求所有的儿童。等待，是认识事物规律的必然要求。

　　等待意味着什么？对于缥缈无望的事物，我们绝不会浪费时间。之所以等待，是因为我们相信儿童一定会成功，盼望着分享那份成功的喜悦。从这种意义上说，等待是一种期望和信赖。这种期望和信赖对儿童来说是一种动力。当有人站在身后，准备为其喝彩时，他一定会把脚步跨得更远，因为他期待掌声。

　　这种期望和信赖蕴含着对儿童的宽厚和关爱。真心爱儿童，体谅儿童，宽容儿童的幼稚和"可爱的错误"，才会对他们充满期待和信任，才会有耐心去等待他们的进步，等待他们的创造。

当然，等待是一种积极主动的唤醒，是对儿童主体意识的激发，不是一种消极和无奈。美国哥伦比亚大学的苏伯教授说：我们面前放着半杯水时，我们应该看到满的那一半，而不是空的那一半。我们要善于看到杯子里的那一半"水"，满怀信心去创造良好的条件，让"水"流出来。

我们要用目光给儿童鼓劲，用我们的微笑、激励的话语化解儿童心中的不安，为他们主体意识的觉醒、潜能的开发，营造宽松的环境，唤起他们的想象力和创造力。

等待不是毫无时间感的随意守候。要想杜绝没有意义和毫无价值的等待，教师要把握好等待的时机，给儿童恰当的时间，激起儿童的灵感，敏锐地觉察到儿童思维闪光的一刹那，抓住时机，加以引导，点燃思维的火花。

等待既要了解学生生理、心理的发展规律，又要有丰富的教学实践经验。把这门艺术发挥到淋漓尽致，似等而不等，这样才能使等待产生良好的效果。

等待是一种进行，是在表面静止状态下的动态过程；等待实际上是期待，是艺术也是科学。

重寻小学低年级的"偶像"

　　放假了，孩子们带着素质发展报告单回家了。素质发展报告单较成绩报告单，增加了身体、品德、心理发展的一些情况和教师评语，不过其主体部分仍然是各学科成绩，尤其是语、数、英及音、体、美等学科的分数或等第。

　　不知道孩子们捧着成绩单回家，交给父母时是什么心情，欣喜？纠结？忐忑？害怕……只记得我小时候，把成绩单交给母亲时，是满心的喜悦，因为我所有的科目都是 100 分，都是优等。我有意问过几个小学的孩子：这学期学得怎样？考了多少分？说给我听听。稍稍观察，孩子们的表情是不同的，但基本的表情是，在左顾右看中，轻轻地吐出几个数字，分数高的，声音会高点；分数低的，声音分贝也相应低点，一、二年级的孩子尤其如此。我并不反对向孩子们询问学习成绩，过问成绩是关心孩子学习、发展的一种方式，当然不能只问分数而不询问发展的其他情况。

　　从孩子的基本表情中，我想到的是：小学，特别是小学低年级，他们的成绩报告单上，能不能不出现分数，只出现等级？即使出现等级，是不是可以全部都打上"优"呢？张家港市教育局局长曾对小学校长的一点建议是：让一年级所有学生、所有学科的成绩都为"优"等——与我的想法完全相同。我想，这说明不仅所谓的专家有这样的追求，教育行政部门的官员也心存教育的理想，并且有改革的理念和行动的勇气。

　　这可行吗？当然可行。早在 20 世纪 60 年代初，苏联教育家阿莫纳什维利就创造了没有分数的教学体系（又称以实质性评价为基础的教学体系）。有一条原则被称作"阿莫纳什维利原则"：相信儿童。与这一原则紧密相连的原则是：使学生得到学习成功的快乐。这两条原则的核心思想是：排除儿童学习中的权力主义、强迫命令、侮辱人格、粗暴作风等种种违反教育原则的表现形式。他曾有这样的判断：在入学之初，孩子们并不知道分数为何物，但不管他们愿意不愿意，在他们面前渐渐出现了一个"庞然大物"——"学习积极性所不需要的偶像"。这个"偶像"就是分数，它成了儿童获得快乐或悲伤的源泉，竭力使"偶像"满意就成了他们学习的动机——这是一种虚假的学习积极性的表现。对于小学生，尤其是对于小学低年级学生，应该破除这一"偶像"，赶走这个"庞然大物"，让他们在没有分数的评价中获得真实的学习动机——成功、快乐。

　　其实，这么多年来，小学的评价改革早已启动，要求一律以等级来呈现，可现在的问题是：以分数折算等级，等级的背后仍然是分数；不少学校一直未改，仍然以分数来评价来呈现，总觉得等级不可靠，家长也不信。看来，关键是我们的教育理念需要彻底变革。要让所有一年级小学生的所有学科都是优等，得要让旧理念、旧习惯"断气"。让一年级的孩子们，一开始就有信心地、快乐地去学习。当下的成功所带来的快乐和自信最为重要，至于以后，逐渐长大了，他们终能学会面对分数。

当学生拿到新课本的时候

我常常回忆自己当学生时的情景和体验，回忆时不禁发出笑声。这种带着笑声的回忆，是一种暖记忆。由此，我想到两个问题：让自己常常重温童年生活，再做一回学生；今天的教育怎么让学生将来拥有更多的暖记忆。

比如，新学期的第一节课，我回想起教师发新教材的情景。当课代表从教导处或总务处捧回一叠叠新课本的时候，我们总是投去羡慕、期待的目光：新课本会带给我们什么？可以毫不夸张地说，领取新课本时的心情一点儿不亚于从父母手中领收新玩具的喜悦。由此，我在不断论证自己关于教材以至课程的理念：课程是教师馈赠给学生幸福的礼物。于是，我在心里升腾起一种声音：课程——礼物，学生的期待、呼唤。问题的挑战性在于，如何让这领收幸福礼物的心情一直延续下去，一直延续到学期结束，让学生在下一学期又有幸福的期盼呢？得出答案并不难：教学让学生的学习永远有陌生感、新鲜感。遗憾的是，我们在这方面做得很不够，其原因首先是自己在重复的生存状态中消逝了新鲜感和创造性，于是教材、课程已不是幸福的礼物了。幸福的礼物应当是激情下的创造。

小时候，我们拿到新课本，做的事往往有两件：一是观赏书的封皮；二是把书从头到尾翻一遍。这里潜藏着儿童的心理，即对未知的好奇，很想在最短的时间里探求一切。这时，教师做什么样的事才合适呢？以什么样的方式来处理，才算是智慧的呢？首先，不要干扰、阻碍学生，花一节课的时间让他们翻下去、看下去，让他们的目光在某一章节、某一页停留更多的时间，满心喜悦地去欣赏、去想象。这就是一种自主学习。这多好啊！我们为什么不乐意呢？

　　其次，在学生翻阅整本新课本的时候，教师要引导学生学会初步领悟、把握教材的整体安排，包括编排的主题、各部分间的大致关系。了解整本书的大体框架，目的是让以后一节课一节课学习时的片段走向整体，或是在整体框架下学习这部分知识时，首先要学会从整体、全局来把握教科书。这一过程是最为重要的第一节课，是"总论课"，是"框架课"，甚至可以说是将学期末的"总复习课"提前至开学初了。教学的"碎片化现象"一直存在，那就让我们从新学期的第一节课开始改变它，从学生拿到新课本的时候开始改变它。

教室，出错的地方

教室，一个古老的概念，传统的解读：教师教书、学生听课的场所。教室，又是一个崭新的概念，可以作出新的解读：教室——阅览室，飘荡着书香，充溢着阅读的自由；教室——工作坊，学生可以观察、实验，用各种工具操作，飘荡着问题，充溢着探究；教室——游戏间，小学生在游戏中学习，游戏就是学习，飘荡着欢乐，充满着智慧。当然，教室还可以是聊天室，等等。理念变了，内涵丰富了，功能也变了。

我又从另一维度对教室作了解读。《我们要什么样的孩子》一文中说，有个中国儿童在日本上学，他的日语不好，但上课发言非常积极。这位儿童的父母问他怎么就不怕出错，他回答说："不怕，老师说教室就是出错的地方。"

教室，出错的地方，多好的理念！

这是对传统教室和教学的深刻反思和批判，是对现代教室和教学功能的重新认识和提升，是对教师最实在、最严厉的挑战。其一，教室，出错的地方，是因为学习是从问题开始的，甚至是从错误开始的。没有错，也就无所谓正确，无所谓比较，无所谓研究，也就无所谓发展。出错，不可怕；可怕的是不让出错，不让出错，就是不让发展和成功。其二，教室，出错的地方，是因为学生还不成熟，容易出错，出错是正常的，不出错是不正常的。因为出错，才会有点拨、引导、解惑，才会有教育的敏感、机智和智慧，才会有对学生巨大的宽容、乐观的期待，以及真正的爱护和保护。其三，教室，出错的地方，说到底是对人的价值和精神生活的关怀和尊重，并且是一种超越。对于学生来说，好奇心是第一要素。允许学生出错，实际上是让学生永远有"神圣的好奇心"，进而去创造。而"神圣的好奇心"有两大敌人，一是习惯，二是功利心。突破旧习惯的束缚，摒弃功利之心，让好奇心在"出错"中发出神圣的光彩，那么人文精神、以学生发展为本的理念，才能在课堂教学中落实和体现，学生才会有神圣的创新。

　　既然如此，我们的教学不要刻意去求顺、求纯、求完美。其实，出错了，课程才能生成。就是在"出错"和"改错"的探究过程中，课堂才是最活的，教学才是最美的，学生的生命才是最有价值的。

学校如何不扼杀学生的创造力

英国教育专家肯·罗宾逊曾作过一次演讲，主题是"学校如何扼杀了创造力"。这一主题有一个十分肯定的前在判断，学校扼杀了学生的创造力。这个判断其实是与"钱学森之问"相呼应的。基于此，学校的使命与紧迫任务无疑是，怎样才能不扼杀学生的创造力；从正面去说，什么样的学校才会培养学生的创造力，才会培养具有创新精神和能力的现代公民。

我们一直在探索、寻找正确的答案。

案例常常能启发我们，帮助我们破译密码。2010年新华社曾经刊登过一则消息：英国德文郡市布莱克沃顿小学的25名8至10岁的小学生，对大黄蜂的觅食行为进行观察，设计了对比实验，发现大黄蜂学会了判断两种颜色的组合模式。他们的研究成果在久负盛名的英国皇家学会主办的、有很大影响力的国际学术刊物《生物学通讯》上发表。《生物学通讯》刊发的美国、英国著名教授的评论文章，都说这是一个令人惊异的发现，因为以前研究人员只知道蜂类有很强的空间判断能力，而小学生发现了它们还具有观察和学习颜色的组合能力。

我们关注的不是事情本身，而是其过程以及隐藏其中的因素。其一，学生必须有科学探索的机会。布莱克沃顿小学的校长说，与论文相比，更让他感到自豪的是真正参与科学探索的过程，而不像传统教学那样去被动地接受知识，也不是论证前人的研究结论。真正的科学探索是无法预料结果的，重点是有没有探索的机会和如何经历过程本身。其二，观察、实验中的快乐体验。在小学生看来，观察、实验更像是他们与大黄蜂之间的一场游戏。游戏时，他们充满乐趣，处在自在的状态，而且设置了游戏规则，设计了对比实验。在游戏的快乐体验中，学生的创造力才会在开放的心灵中露出绿芽。其三，学生的探索需要大人的指导，但大人的指导只能是一种帮助。伦敦大学学院的博士只是为他们提供了实验工具，并帮助他们将研究结果整理成文，整个实验设计和数据获得都是由小学生自己完成的。这个案例告诉我们，学校不仅不会扼杀创造力，而且会培养学生的创造力。但，学校教育必须改革。

答案不只在国外的案例中。随着素质教育的深入推进，随着课程改革的深度实施，我们也在改变，也在进步，尽管做得还很不够，离创新人才培养的目标还有相当的距离，但我们毕竟向前跨出了一大步。无论是北京、上海、陕西，还是江苏、浙江、广东，一大批学校都在积极探索，以自己的实际行动回答学校何以不扼杀学生的创造力。它们的答案聚焦在一个重要方面，那就是当学校成为一块文化栖息地的时候，学生的创新精神和能力才会蓬勃生长。这块文化栖息地首先是安全的。在这样的学校里学习，学生不会因成绩差而受歧视，也不会因"犯错"而变得谨小慎微，甚至胆战心惊。安全感让学生抛弃疑虑而获得探索、创造的勇气。其次，这块文化栖息地充满鼓励，充溢着温暖，散发着鼓舞人向上的气息。当然，这样的鼓励更多的是一种扶持和帮助。最后，这块文化栖息地能给学生提供精神的闲逛和诗意的劳动。精神的闲逛，其实是心灵的自由，是自由中的感悟和灵性的生长。匈牙利裔心理学家米哈里·契克森米哈曾提出一个很有趣的理论——创造力产生于焦虑与无聊之间，因为焦虑的时候会去寻找消除混乱感的办法，而无聊的时候可以寻求变化。这种"闲逛"和"无聊"是一种诗意的劳动。总之，学校这块文化栖息地，就是学生愉快的乐园、精神的家园、创造的摇篮。这样的学校，才能保护学生的创造精神，鼓励学生创造力的生长。

　　关于创造力，始终存在一种争论：创造力究竟能不能教？如果把创造力囿于一种技术和方法，当然是可以教的；反之，创造力是难教的，甚至是不可教的。如果把可教与不可教的争论汇集在办什么样的学校，实施什么样的教育的时候，这一问题是可以解决的。因为作为文化栖息地的学校，当成为学习的乐园、创造的摇篮的时候，创造力是"可教"的。在这样的学校里，学生可以寻找并沉浸在属于自己的世界里，逐渐进入一种非常美好的精神状态。有心理学家称这种状态为"流"，在"流"中可以将自己的创造性发挥到极致。于是，我们寻找到了学校何以不扼杀创造力的密码，深信培养学生的创新精神和能力，培养创新人才的远大理想，是可以实现的。

不布置家庭作业，行吗

小学生能没有家庭作业吗？小学生能不做家庭作业吗？一定是各抒己见、议论纷纷，很可能还是莫衷一是、几乎无解，这很正常。不过，正常的事也可以被解构。解构可能是一种改革，可能让我们走向新的正常。

小学生不做家庭作业引起的争议，有一个重要的潜在假设：不能影响考试成绩，不能影响学生的学习质量。这当然无可非议，也毋庸置疑。但是，一切结论应当在试验以后得出，而不应陷于空洞的纠缠。

先说个案。有两位家长都说了自己的亲身经历。一位是江苏省电视台的节目主持人。女儿上小学后，家长就向教师申请：女儿不做家庭作业，直至四年级。她对教师说：我不能保证女儿成绩非常优秀，但一定保证她的考试成绩在全班平均分数以上。结果是，四年级期末考试，女儿的成绩名列全班前茅。另一位家长是校长。她和教师商定，自己的女儿不做学校布置的家庭作业。结果是，小学毕业成绩优异，而且出了专著，其中包括与文化学者余秋雨商榷的文章，洋洋洒洒，早已胜过了作文本。

如果说这是关于个人的个案，那么也有班级的个案。扬州市梅岭小学数学特级教师翟玉康，20世纪80年代初进行了教学改革，开展数学教学"四了""三不"的试验，即"该讲的讲了，该练的练了，练后评了，下课前将学生作业收了"，"不上课表以外的课，不让孩子下课做作业，不布置家庭作业"。结果是，既改革了课堂教学结构，又减轻了学生过重的课业负担，还大面积提高了教学质量，受到广大教师和专家学者的一致好评。梅岭小学至今都在坚持并深化这一试验。

这些不同的个案说明了什么？首先，不给学生布置家庭作业，学生不做学校规定的家庭作业，并非绝对行不通，相反是可行的，这不仅不会降低学生的学习水平，而且可以提高教学质量。因此，对不布置家庭作业不必那么反感、抵触、拒绝，至少可以试验。如果连试都不让试，怎么知道行不行呢？其次，不做学校规定的家庭作业，并不等于学生没有任何作业负担。那位节目主持人就这么对女儿说，你可以不做学校的作业，但必须阅读，必须课外实践，必须做自己喜欢的作业。可见，学校不布置家庭作业，恰恰是给学生自我学习、自我发展留下了极大的空间。最后，不做家庭作业，其实是一份承诺、一份责任、一份担当，作业不在纸面上，更重要的作业是在心里，在人格的培育上。

美国联邦教育部部长曾给作业下了一个定义：作业的功能主要不是复习、巩固所学的知识，而是让学生获得自主学习、探索的机会。如果作业的性质、功能定位准确了，要不要布置家庭作业，怎样布置家庭作业等问题，是可以逐步解决的。

必须郑重说明的是，个案毕竟是个案，它具有独特性，不能取代整体，有时以个案的方式来解决普遍问题，还可能产生错误。比如，父母不是节目主持人呢？不是校长呢？任课教师如果不是特级教师呢？诸如此类，情况是比较复杂的。但是，个案不是"摇椅上的学问"，它往往给了我们一些善良的智慧，开启了一条探索的希望之路。

不布置家庭作业，并非无解。

让学生对教材来一点"指手画脚"

《南方周末》曾刊登了一位高二学生的文章，题目是《学生眼中的政治课本》。这位同学说："'政治'对于我这个高二学生而言，显得遥远而抽象。我本以为通过政治课本能了解'政治'，不料却读到几个表述相当含糊，让人心生疑虑的案例。"接着，他又举了两个例子。一个例子是关于垂危老人心系拖欠税款的事。教材中称，张大爷在病危时还心系拖欠的税款，直到儿子交清，大爷才安然离世。他认为这个案例似乎有违人之常情。另一个例子是关于选举的。教材中这么描述："某村村民一大早就来到投票站，一位百岁老人让她47岁的孙子把自己背到投票站。"这位同学说："我不怀疑此事的真实性，但这些叙述中均未点名具体的时间、地点、人物，模糊的代称（张大爷等），极像咱们学生杜撰的'好人好事'。"

这位高二的学生作了一个小结："我和我的同学即将成为拥有选举权的成年人，政治课本能帮助我们学习政治常识，了解公共事务。所以，建议下次课本修订时，请删减那些容易引发误解的案例，再添加一些不乏人事温情的真实案例。这样的话，也许更多同学对于政治课本将从'要我学'变为'我要学'，并进而关心现实政治。"他是在对教材"指手画脚"，但正是这种"指手画脚"才最为客观、最为中肯，而且是最具权威的评判。

　　这里涉及教材编写中的三个问题。第一个问题：教材中的案例应当是真实的。在学生的心目中，教材是他们获取知识、认识真理最可信任的来源，教材对他们而言有种神圣感。他们坚信教材所提供的一切是真实的，真实的内容将会像种子一样，顽强地在他们的内心生长。可以说，真实就是一种力量。那位垂危老人交还拖欠税款的事，我怀疑它的真实性，至少在剪裁、描述中过滤了一些必要的背景和细节，缺少了必要的交代，让人觉得不太可信。心生疑惑以后，信仰会变得模糊起来，渐渐会发生动摇。

　　第二个问题：教材中的案例不应拔高。教材传递的应当是正能量，给学生以真、善、美的感悟。但是，正能量恰恰来自人世间最美好的东西。人世间最美好的东西原本是朴素的，不必加以修饰，更不能任意拔高。如果那位百岁老人在家里，委托家人代她投票，其间她可能说了一些话。按照原本的过程去讲述，反倒可能影响学生。拔高是另一种不真实，是一种令人可笑的虚假，给人的恰恰不是真、善、美。

　　第三个问题：归结起来，教科书如何选择材料。教科书应从生活中、史料中选择材料，但不是所有的生活中、史料中的材料都可以作为教科书内容，要有一个认真、严肃的甄别、筛选、判定、选择的过程。这种选择的过程，既要依循教材的规定性，又要依循教学目的和教学语境，更要依循教材所要确立的核心价值观。当然，还应依循学生的认知心理和发展需求。千万别小看当下的学生，他们是教材最具权威、最客观的评判者、审查者。让学生对教材"指手画脚"吧。

童心：游戏，创造与幸福

我看了英国女王伊丽莎白二世过生日的故事。

2006 年，伊丽莎白女王 80 岁寿辰，在白金汉宫后花园里举行庆典。她请来了许多哈里·波特的小粉丝，还有儿童文学作家、儿童剧的演员。庆典开始时，女王说，让我们先做一个游戏："我心爱的手袋不见了，掉在后花园里，麻烦大家分头帮我找一找。"众人在草丛里、大树下、溪水边、花丛中，找到了一本又一本的儿童绘本和其他文学作品，当然丢失的手袋也找到了。女王把文学作品和心爱的手袋捧在胸前，高兴而平静地说：我们终于有了一个童话般的结局——从此，我们幸福地生活在一起。

这个故事很有意思，为我们展开了一幅又一幅生动的画面，一个又一个可爱的人物，以及许多想象，而且可以有多种解读。可我最想解读的还是女王。

她 80 岁了，竟然还那么有童心：做游戏。看来，游戏不只是属于儿童，仍然属于大人，甚至是老人。女王的游戏真实、自然，把后花园创设成一个巨大、丰富的情境，只有在特定的情境里才会发生动人的故事。其实，他们不只是在做游戏，还是在创造一个故事，创造一件作品，创造一种生活。在这样的游戏中，大家既是游戏者，又是创造者，准确地说，游戏者就是创造者。因此，女王和大家的游戏，其最为深层的意义是在生长游戏精神。游戏精神是一种规则精神，更是一种自由、创造精神，其间充溢着无限的想象力。

女王的故事告诉我们，一个人的童心是多么可贵。童心，真心也；真心，真人也；童心与真心，创造之心也。语文教师需要这可爱又可贵的童心。作家陈祖芬说得好：人总是要长大的，可眼睛不要长大；人总是要变老的，可心不要变老。不长大的眼睛是童眼，不变老的心是童心。童眼发现的是新世界，童心诞生的是新宇宙。语文教师以自己永不变老的童心去撞击儿童之心，童心与童心的撞击，能创造最精彩、最神圣的教育。语文教师的童心从哪里来？路径可能很多，不过，我以为最为重要的还是陈鹤琴先生所说的：让我们重温自己的童年时代吧，让我们再做回儿童吧。只有永远和儿童在一起，才会永葆童心，充满生命的活力，永远会懂你的——儿童，我们的孩子们。于是，语文教师才会有一个又一个童话般的结局——从此，我们幸福地生活在一起。

智慧来自儿童

教师应是智者。

智慧有大小之分。庄子在《齐物篇》里说:"大智闲闲,小智间间。大言炎炎,小言澹澹。"闲,空也,无限大也;间,隔也,小也。大智者,总是关注事物的根本,关注大局,有宏观的视野,有战略的思考,因而他的言谈有气势、穿透力和鼓动性,而非琐碎、啰唆和重复。

教师应该是有大智慧的人。

教师的大智慧在于对儿童的研究,来自对儿童的认识和发现。这是因为,儿童是教育的主语,儿童是教育的根据地。教师的智慧与使命,就是保护并建设这块神圣的根据地,让它安全、健康、丰富、充实,逐步强大起来;教师在保护与建构这块根据地的同时也建构起自己的精神高地,生长起自己的智慧。这样,教师才有可能成为大智者,成为智慧教师。

二 | 教师的
第一必修功课

法国教育家卢梭曾说过，世界上有门学问最重要却又最不完备，这就是关于人的学问。套用卢梭的观点与话语方式，我们可以作以下判断：教育中有门学问最重要却又最不完备，这就是关于儿童的学问。儿童对于教师来说，既熟悉又陌生。有时候，"熟悉"正是一种陌生。认识与发现儿童，正是教师的第一必修功课。它超越了具体学科，超越了具体专业，是教师的第一专业。

在认识与发现儿童方面，我们存在以下问题。

其一，对儿童的经典意义认识不深刻。在拉丁文中，儿童意味着自由。的确，自由是儿童的天性，是创造的保姆，否认或者剥夺儿童的自由，创新当然也就永远是句空话。事实正是如此。长期以来，我们过多地关注儿童的规范，而忽略了解放与自由。我们不是排斥规范，而是要明晰规范之于自由的价值，即规范存在的最高价值在于解放儿童，让儿童自由，让儿童创造。此时，对规范的尊重，其实质是对人性的尊重。此外，儿童是探究者、游戏者，这是对儿童的经典定义与解释，但我们的认识都不太深刻。

其二，对当下儿童生活认识得不全面。当下的儿童，生活在三个世界中：在现实的世界中，他们只有读书、背诵、记忆、考试、分数、升学，因而痛苦、无奈；在理想的世界里，他们的理想被家长与学校绑架，儿童没有真正的理想，因而同样痛苦、茫然；在虚拟化的世界里，唯有在这里儿童才放松、快乐，但危险也在等着他们。这三个世界的价值观是不一致的：现实世界以知识价值为主导；理想的世界以精英和发现价值为主导；虚拟化的世界以自由、娱乐为主导。这必然会产生价值碰撞和困惑。遗憾的是，我们只关注现实的世界，势必无法走进学生的生活与心灵世界。从本质上说，儿童已被我们撕裂、单一化了，教育当然会"盲人摸象"，走进误区。

其三，对儿童整体性认识有偏颇。儿童是个完整的概念，童年当然也是一个完整的概念。童年有时犹如甜美的糖果，有时又犹如苦涩的药丸儿。可能性是儿童的最伟大之处，但它有两个方向，有积极的一面，也有消极的一面。实践中，我们的主要倾向是，过多地发现儿童的不足、缺陷、错误等，遮蔽、否定了儿童伟大、天真、可爱的一面，于是教育就失去耐心和等待，急躁、功利、短视，责怪多于肯定，伤害多于进步与成长，这样教育就会脆弱、无奈。当然，还有另一种倾向，那就是只看到儿童伟大的一面，这些可爱的天使，聪明无比，不教就会……从根本上说，这些看法并不错，但隐藏着的"儿童中心论"被任意夸大，

儿童被神秘化，童年被理想化，教育也就被虚无化了。持这样观点和理论的人，以一些理论工作者和研究人员为多。这同样是偏颇的、错误的，其本质是"去教育"，让教育彻底丢弃使命，丧失价值。以上两种倾向，我们都应克服。

其四，对儿童个体的认识不具体。儿童既是复数，又是单数，而且主要是单数，即儿童是"这一个""那一个"。但事实中，我们只有复数的儿童，是"这一批""那一群"，因材施教只能是一句口号，创新精神和实践能力培养只能是纸上谈兵。

由于对儿童的认识存在以上一些问题，我们还没有真正发现儿童，因而常常"撞倒"孩子。认识、发现儿童，是一种智慧，是教育的大智慧。

三 ｜ 智慧教师 的人格特征

智慧教师具有重要的人格特征，要在认识儿童、发现儿童、发展儿童的过程中完善自己的人格，成为儿童研究专家。

智慧有许多"触角"：关涉道德，道德是智慧的核心；关涉自由与快乐，自由与快乐是智慧的表情；关涉能力，能力是智慧的载体；关涉情境，情境是智慧萌发、生长的土壤；关涉创造，创造是智慧的灵魂。诸多智慧要素，最终指向人格，也汇聚为人格。智慧教师具有鲜明的人格特征。

智慧教师具有爱心。子曰："知者乐水，仁者乐山。知者动，仁者静。知者乐，仁者寿。"智者与仁者并举，其中有一深意：智者应当有仁爱之心。古希腊关于雅典的传说是一个生动的明证：雅典人接受智慧女神雅典娜的礼物——橄榄枝，用她的名字命名城市，而拒绝海神波塞冬的礼物——战马，拒绝的正是战争。原来，智慧女神首先是和平之神、道德之神——智者必定有爱心。教师成长为智慧教师，首先要真心地爱儿童，爱所有的儿童。

智慧教师具有童心。童心可以超越年龄。童心，真诚之心；童心，赤子之心；童心，创造之心。教师拥有童心，才会真正懂得儿童，才会有创新精神，创造教育的奇迹。斯霞在批改三年级学生作文时，发现有这么一句话："今天，我们学校里来了法国客人，其中有一位女阿姨。"显然，这是病句——阿姨一定是女的。但是斯霞不愿意改动，她认为这正是儿童认识事物、表达事物的方式。教师有童心，才会有教育的纯真、高尚、伟大，才会发生真正的教育。

智慧教师具有平等心。无论是美国的"不让一个孩子掉队"，英国的"每一个孩子都重要"，还是中国的"有教无类"，说的都是要面向每一个孩子，这就是平等心。平等心才会带来教育的公平、公正，才会让每一个孩子有尊严、有幸福感。平等地对待每一个孩子，承认差异，尊重个性，追寻教育规律，这当然是一种大智慧。

智慧教师具有平常心。平常心，拒绝功利之心，拒绝浮躁之心，是一种阳光的心态、宽阔的胸怀、开放的视角。教育树人就得慢慢来，就得有平常心。其实，这样的慢并非消极等待，而是积极"慢养"，是按规律创造，因而这样的慢，是真正的快。

伦敦残奥会开幕式上，英国著名科学家霍金出场，端坐在"月球"下，微斜着头，微翕的嘴里告诉大家："仰望星辰，不要只看脚下，尝试探究你所能看到的一切，带着好奇，探索宇宙存在的原因。"儿童，一个宇宙，一片星辰。我们带着好奇，望着他，探索着他。我们会真正发现他，因为我们是智慧教师。

智慧：真正了解你的孩子

这是魔术大师科波菲尔的故事。科波菲尔出身贫穷，性格内向，每次考试成绩总是倒数。邻居们说，他将来注定一事无成。一次，科波菲尔看到一个老人为了一张被老鼠咬坏的一美元钞票而痛苦不已。为了不让老人伤心，科波菲尔悄悄回家将自己平时积累的硬币换成一张一美元的钞票，交给了老人。他说，这是他"用魔术变回来的"。父亲知道后，表扬了他，心想这孩子并不笨。

是的，科波菲尔并不笨。他有一颗善良的心，同情人，帮助人。而帮助人时，他又不炫耀自己，那句"用魔术变回来的"，多么智慧！其实，智慧是具有道德感的，总是与美德相伴而行。让自己有智慧，让自己的孩子有智慧，首先要让自己和孩子拥有一颗美丽的心灵。智慧之芽常常是从那美丽的心灵里萌发出来的。但是，你需要真正了解你的孩子，相信你的孩子。

还是科波菲尔的故事。父子二人坐车去波士顿。途中，父亲下车买东西，错过了开车时间，汽车在父亲的喊叫声中呼啸而去。他害怕不已，心想：父亲没有汽车怎能到达波士顿呢？可是，当下车时，他却看到父亲在等着他。面对小科波菲尔的惊讶，父亲说："我是骑马来的，只要能到达目的地，管他用什么方式。就像你学业不能成功，并不代表你在其他方面不能成功。换一种方式吧！"

是的，后来科波菲尔换了一种方式，迈开了新的步伐，成了大名鼎鼎的魔术大师。"换一种方式吧！"说得多好！多有智慧！不过，父亲之所以能这么说，一是因为他身体力行，本身就是"换一种方式"的，二是因为他对自己的孩子最了解。孔子的学生樊远问孔子：什么是"知"（智）？孔子的回答是两个字："知人。"知人者为智，但是了解人是最困难的。无论是教师还是家长，一定要真正地了解儿童，才会有最大的智慧。

拉萨路小学（以下称"拉小"）把智慧教育比作教育的旅程，一个驿站一个驿站地走着；儿童也在教师、家长的带领下一步一步向前走着，有时可能不那么轻松，但是步伐是坚定的。这个过程中充满着智慧。

也许，你的孩子不一定是科波菲尔式的大名鼎鼎的人，但一定能成为有出息的人，有成就的人，有幸福感的人，因为你的孩子在拉小获得了良好的教育，怀着美德，生长着人生的智慧。

一 ｜ 智慧常常 躲在心灵的深处

智慧教育中，最使我们困惑和苦恼的是知识和智慧的关系：智慧需要知识吗？知识等同于智慧吗？知识与智慧的纠缠，有时剪不断理还乱。

古代，既有知识的概念又有智慧的概念。但在先秦的文字中，只有"知"而无"智"，而以"知"代替"智"。可见，知识与智慧具有同一性，用现代的话说，它们是联合体。但知识与智慧又是独联体，具有显著的差异性，这主要是因为获取的方式不同，价值取向也就不同。

爱因斯坦5岁时，叔叔送给他一只罗盘。不论他怎么转动，一根针总是指着一个固定的方向。爱因斯坦认为罗盘背后有一只手在控制和指挥，可是他没找到。他还在思索，还在寻找……这是他的好奇心、想象力。这时，他的心智大门悄悄地被打开，潜在的问题意识被唤醒。人类高贵的禀赋醒了，智慧的缘芽就会露出来。智慧是个体内心生成的。

可是知识不同，它用外在的方式来获取，可以传授、转让，追求知识的数量，因而要积累，这无可非议。但是，英国哲学家怀特海非常明确地说：认知教育需要传授知识，但有一个东西比知识更模糊，也更伟大，在教学中居于主导地位。古人把那个东西叫作智慧。也许你可以轻易地获取知识，但未必能轻而易举地获取智慧。一语中的，多么深刻！

可是，我们常常迷惑、糊涂，常常在教学中把目光盯在知识的传授上。教学的使命是要把知识的获取过程变成智慧的生长过程。这一过程的最大秘密是：透过知识看到智慧的光芒；鼓励学生去怀疑、好奇、想象、猜测——敞开学生的思维，触及学生的心灵，让学生的思维有一番"折腾"，让学生有一点"痛苦"。要知识，此时，智慧在知识的陪伴下苏醒、活跃、生长了。多么精彩、多么神圣的时刻！也许，"智"比"知"多了一个"日"，多了思考的阳光，真的很有意思。

智慧常常躲在心灵的深处，而思考是呼唤它的最好办法和方式。请记住，不管是教师还是家长，无论是课上还是课下，无论是校内还是校外，让儿童去思考，这就是智慧，就是智慧的生长，就是智慧教育！这既神秘，又很朴素。

你，可以试一试。

二 ｜ 智慧的第一行动：
　　承认无知

"我知道，我什么也不知道。"这是名言，充满着哲理，阐释着智慧。

有三位名人曾这么说。第一位是古希腊大学者、大哲人苏格拉底。他说：

"神喻谕苏格拉底是智慧的人，是因为他以不知为不知，他知道自己不知。"第二位是大文豪托尔斯泰。他说："我们所能知道的，不过是我们什么也不知道，这乃是人类智慧的顶点。"第三位是大思想家、科学家帕斯卡尔。他说："世人对种种事物能作出明智的判断是因为他们知道自己处于天然无知之中。"于是，苏格拉底似乎带有总结性地说：真正智慧的第一行动即是承认无知。

承认无知，是一种谦虚，也是智慧的行动，且是第一行动。该如何理解呢？你想过吗？"想"的过程实际上是生长智慧、展开智慧的过程。

我想过。第一，知道并承认自己无知，是"以不知为不知"，而非不懂装懂，以无知为知。这正是对自己客观的评价，真实、透明，正如庄子所说，"自知者明"。第二，知道并承认自己无知，是对自己的警告和提醒：既然不知，就得向别人学习，了解别人，从别人中发现自己，从而丰富自己，正如庄子所说，"知人者智"。第三，知道并承认自己无知，并非止于无知，而是改变自己，去探究和发现，去充实和提升，从无知到有知。正因如此，才可能"对种种事物作出明智的判断"。也正因为这样，人类才可能到达"智慧的顶点"。

其实，知道并承认自己无知，是一种美德，而美德与智慧是相伴而行的。那些自以为"知"、自以为"是"、自以为"智"的人，恰恰是愚蠢的，是令人憎恶的。这是因为，此时智慧的通道已被自满所堵塞，心智的大门已被骄傲所把持。永远保持心灵的真实，永远敞开自己的心扉，智慧才会在谦虚美德的陪伴与催促下，悄然而至。

但是，只知道、只承认自己无知而不行动，绝不可能有智慧。躺在无知上，只能是懒汉，而懒汉是不可能有智慧的。理论智慧在深入思考中产生，实践智慧在实践中迸发。因此，不能用"承认无知"作为理由和借口，而把自己与"行动"隔绝起来。如果谁把承认无知当作一件美丽的外衣，那么他的身体和头脑只能是空空如也的躯壳；如果谁把承认无知当作拒绝学习和行动的堂而皇之的挡箭牌，那么他永远是无知，永远只能望着智慧的顶点，坐在山脚下叹息而无奈。

承认无知，无形中在自己前行的路上竖起高高的标杆。也许，儿童现在不太明白这个道理，但是随着儿童年龄的增长，他们会在无知与有知中，使自己的智慧"长个儿"。而教师和家长则在与儿童的相处中，让他们明白起来，更让自己成熟起来。

成人们在儿童面前常说自己不知道，接着去行动、学习、研究、发现，这才会有智慧，也才是智慧，才可能是智慧的教师、智慧的家长。

三 ｜ 智慧的元素，
　　你"更"看重的是什么？

拉小把智慧教育具体化为：让儿童更健康、更快乐、更勤奋、更聪明。这一概括很有意思；其一，这些都是智慧的元素；其二，儿童身体健康是第一位的；其三，勤奋、聪明，固然重要，但一定是快乐、幸福的；其四，儿童原本就健康、快乐、勤奋和聪明，但应该"更"健康、"更"快乐、"更"勤奋、"更"聪明。这一"更"，既承认了儿童发展的基础，又有新的追求和期待。

更健康、更快乐、更勤奋、更聪明是一个整体，其中任何一个智慧的元素都不能忽视。遗憾的是，一些家长，也包括一些教师看重的是聪明。殊不知，聪明不一定是智慧；殊不知，健康是智慧的另一种表现，快乐是智慧的表情，而勤奋是生长智慧的保证。取其一而舍其余，儿童不可能有真正的智慧。

想起了"23号"的故事：某家长的女儿每每考试，都排23名，全班50人中的中游水平。周末，一群同事带着家人结伴郊游。一路上，这家孩子唱歌，那家孩子表演小品。女儿没有什么看家本领，只是开心地不停鼓掌，而且前前后后照应，忙忙碌碌，像个细心的小管家。期中考试后，班主任电话告之家长，女儿的成绩仍是中等。不过老师说，语文试卷中有一道附加题：你最欣赏班里的哪位同学，请说出理由。结果，除女儿外，全班同学都写了女儿的名字，写得最多的理由是：乐观幽默。班主任感叹：你这个女儿虽然说成绩一般，可为人实在很优秀。家长开玩笑地对女儿说，你快要成为英雄了。女儿认真地说，老师曾经讲过一句格言：当英雄路过的时候，总要有人坐在路边鼓掌。女儿轻轻地说：她不想成为英雄，想成为坐在路边鼓掌的人。

显然，这位雅号"23号"的学生，是健康的、快乐的、勤奋的，也是聪明的。智慧与人生联系在一起，人生的高度往往是智慧的高度。教育就是教会学生学会生活、学会合作、学会快乐。聪明的、成绩优秀的英雄，固然值得大家赞颂，但坐在路边鼓掌的人也是受大家欢迎的。在为人方面，她绝不是"23号"。如果家长和教师都能这么去看待儿童，那么儿童是快乐的，家长和教师也是快乐的。此时，智慧正在快乐中长出新芽。

四｜成长背囊

小朋友们都很幸福，因为他们身上都有一个最宝贵的袋子，名字叫"成长背囊"。

背囊一定是伴随着你的，不仅是现在，而且是将来。它伴随着你的成长，而且帮助你成长，所以叫成长背囊。

不是所有的背囊都能帮助你。不过成长背囊，尤其是拉小的成长背囊，一定会伴随你，一定会帮助你。它里面装着很多珍贵的礼物：知识，智慧；兴趣，刻苦；习惯，能力；梦想，责任……这些东西，一样也不可少。比如，一个人不能没有知识，否则他将会不认识这个世界；一个人不能没有兴趣，否则他将不会生活，失去生活的乐趣和意义；一个人不能没有好的习惯，否则坏的习惯将会成为他的恶魔；一个人不能没有梦想，否则他只会享受，永远无法感受美好和崇高对他的召唤。

不过，小朋友们的成长背囊里，比知识更重要的是智慧，知识使人有力量，智慧使人自由，智慧更伟大；兴趣是创造的开端，但应当有刻苦精神的支撑，很多人仅有兴趣，缺少刻苦和努力，最后一事无成；好的习惯可以成为人们成功的"仆从"，要注意的是，仅有习惯还不行，必须有能力，或者说要有培养自己能力的习惯，让习惯转化为主动获取和创造的能力；如果梦想没有责任同行，梦想只能是梦想，也永远只能是空想。

所以，我和小朋友们讨论的第一个结论是：成长背囊里装的东西总是互助补充、互相促进的。只有这样，背囊才不会成为一种负担，反而会越背越轻松，让你成长，让你成功。

我要和小朋友们讨论的第二个话题是：成长背囊里的礼物是从哪里来的？这个问题比第一个问题更重要，重要在哪里呢？因为有的礼物是别人送的，有的礼物是自己努力得来的。其实，自己努力得来的，已不叫礼物。儿童必须牢牢记住：自己努力、创造的东西才是最珍贵的，才是最有价值的，才会真正成为你的成长背囊。

学校正在改革课堂教学，课堂里至少要给学生留下 10 分钟，让他们自己独立地学。教师给它取的名字叫"我的 10 分钟"。"我的 10 分钟"，是儿童学会学习的 10 分钟，是创造学习的 10 分钟，是享受学习的 10 分钟。这个 10 分钟会让儿童获得很多经验、体会，特别是能力和智慧。于是，它自然而然地被装在背囊里了。当然，独立学习的不只是 10 分钟。

小朋友们，背起这智慧的成长背囊吧，让它伴着你走过成长的每一天。总有一天，当你回想拉小的时候，你会说："成长背囊是我在拉小得到的最宝贵的礼物！"

五 | 为未来多栽树

犹太人有一部口头传述的书，书名叫《塔木德经》。书里讲过一个故事，故事主人公的名字叫霍尼。

一天，霍尼在旅行途中见到一个男人在种角豆树，就问他："这棵树多久才能结出果实来？"那个男人回答说："70 年。"他接着问："你肯定自己能再活 70 年吗？"对方回答说："世上到处都有成熟的角豆树。既然我的祖先为我栽树，我也该为我的孩子栽些树呀。"

故事很简短，却让我们想到很多。

这个男人是智慧的，他明明知道自己不可能再活 70 年，自己肯定看不到树结果实，但还是坚持栽，坚持多栽。他为谁？是为孩子们。为孩子们栽树，就是为未来栽树。大家都为孩子们栽树，都为未来栽树，未来会是什么样的景象啊！中国也有类似的古语：前人栽树，后人乘凉。故事与古语告诉我们，智慧的人，一定是有道德的人；假若不为别人着想，不为未来着想，那么再聪明，都不能叫作有智慧，都不能被称为智者。

教师也在为孩子栽树。他们在孩子的心田里播撒了知识的种子、文化的种子、文明的种子，栽下的是知识之树、文化之树、文明之树。许多年后，栽树的教师先后老去，看不到栽下的树结出的果实，但他们心里永远有一棵最高、最绿、果实最多的树。教师有大智。

其实，孩子们也要为自己栽树。寒假里，有些同学去了我国台湾地区，阿里山会告诉你们，它和泰山之脉、武夷山之脉紧紧相连；日月潭也会告诉你们，在潭的深处，与海峡那边的黄河、长江之水相通。在那儿的每一天，你们一定感受到中华民族的亲情，会在自己的心里栽下一棵小树苗。这一棵棵小树苗，就是拉小校园里的亲情树，它就是智慧之树。

寒假里，你们去寻找春天，写出一篇篇充满春天气息的文章；你们去踏青，把新春的景色留在一幅幅摄影作品中；你们为南京申办青奥会成功而欢呼，表达自己的心愿，心灵向着世界开放；电影《阿凡达》中惊人的想象力，《孔子》传达的仁爱之心，都会悄悄走进你的心灵深处……如果你把这一切都和文化联系起

来，如果你把这一切都当作是在栽树苗，那么你的眼前就会出现一片树林，郁郁苍苍。自己为自己栽树，就是为自己的未来栽树，也是为大家、为大家的未来栽树。

说到这儿，也许我们对智慧又有了新的体会，那就是为大家、为自己多"栽些树"——栽下文化之树，栽下理想之树，栽下幸福之树。

六　孩子是
"未被承认的天才"

我们这个民族需要天才，这个时代更需要天才。于是，我们到处寻找天才，但常常忘记身边就有一群天才——他们就是孩子！

俄国诗人沃罗申在 1903 年写的一首诗中这么描述孩子："让我们像孩子那样逛逛世界 / 我们将爱上池藻的轻歌 / 还有以往世纪的浓烈 / 和刺鼻的知识的汁液 / 梦幻的神秘的吼叫 / 把当今的繁荣遮盖 / 在平庸的灰暗人群中间 / 孩子是未被承认的天才"。他的意思很明确：孩子是天才，只是还没有被承认。

孩子是天才吗？是的，因为孩子有童心。童心就是真心，就是赤子之心，就是创造之心！孩子怀着童心去自由探索，去不断发现。孩子最喜欢想象，他们把爬在墙上的牵牛花当作可爱顽皮的小弟弟；把在大海远处翻滚着的波浪当作不听话的贪玩的不想回家的小孩子；说小树不能像我们那样走，是因为它没有脚；但他们又说足球不是被踢起来的，是用自己的翅膀飞起来的……我在写这些话的时候，本想自己也可以像孩子一样"想"几个，"编"几个，但就是想不出，也编不出。因为我不是小孩，我不如小孩。这个时候我才真正相信，还是沃罗申说得对：孩子就是天才。

　　问题是，我们为什么不承认孩子是天才呢？这是因为我们没有真正了解他们。在我们眼里，他们只是小孩，不成熟，需要教育；只是一张白纸，需要我们画上几笔。其实，不成熟才有发展的可能性，孩子就是一种可能性。而可能性就是创造的潜能，承认孩子是天才，首先要承认孩子的可能性。亦如加拿大教育现象学家马克斯·范梅南所说的："面对儿童，就是面对可能性。"面对可能性，才能开发孩子天才的创造性。教师、家长，一定要克服对孩子的误读。

　　以上这些话是对教师、家长这些成人讲的。看了这些话，拉小的小朋友们是怎么想的？你们可以好好考虑，并发表自己的意见。不过，我向你们提些建议。第一，大人说你们是天才，你们应该相信，增强信心，即使你现在的学习还有困难，成绩还不怎么样。第二，大人还没有承认你们是天才，你们应当用自己的实际行动告诉他们，你们就是天才，不能因为大人暂时没有承认而埋怨。第三，天才是各种各样的，你们也各有各的优点、优势，可能会成为不同领域的天才。所以，你们应当认识自己，发现自己的兴趣和可能的特长，然后扎扎实实地打好基础。第四，天才不是从天上掉下来的。有人说，天才是百分之一的灵感加百分之九十九的汗水，不刻苦努力，怎么可能成为天才呢？

　　最后，我想既对教师、家长说，也想对拉小所有的小朋友说：人总是要长大，但我们的眼睛不要长大；人总是要变老，但我们的心不要变老。愿拉小所有的小朋友都成为天才，所有的教师、家长都是培养天才的天才。

七 ｜智慧就像
　　｜一把盐洒在汤里

　　这里要和小朋友们谈谈读书。

　　读书肯定是有好处的，究竟有什么好处，有时却说不清。叫你们说说好好读书的好处，你们肯定能说出几点来，但肯定是比较浅的，这很正常，因为你们还小。

　　大人读书多了，体会的、领悟的就渐渐多了。有一个作家叫唐诺，他在《阅读的故事》里这么说：阅读是一个意义世界，也是一个可能的世界。他的意思是，生活的意义、世界的意义都在阅读的世界里，阅读让你有了伟大的力量，这伟大的力量叫作可能性——因为可能性就是最大的创造性。而这一伟大的力量也在阅读的世界里。小朋友，可以这么说，你们是在阅读的世界里长大的。

　　英国作家艾伦·贝内特创作的《非普通读者》说的是一个虚拟的故事。故事里说，英国女王爱上了读书，变得细察深思，富有感觉力……作者借女王的口吻，表达了自己对读书的看法：文学就是一个联邦，而字母就是一个共和国，一个汉字几乎是一个世界，在汉字的世界里，在阅读的世界里，你会变得聪明起来。

　　我们究竟怎么读书呢？美国哈佛大学的标志是三本书：两本书朝上打开，还有一本书朝下盖着。这三本书的摆法告诉我们：书上传播知识，传播真理，但是书中也有谬误，也有错的。所以，我们读书时要学会思考，学会质疑，学会批判。

　　小学的小朋友就应该有这样的读书习惯和品质，否则一味读书，只相信书本，就有可能变成书呆子。

　　季羡林是大师，却很谦虚，说自己只是一介布衣，书读得少。你们一定要记住，学问越大，就越谦逊。散文作家卞毓方先生曾有一段话，让人深受启发。他说，书桌要放在七个地方：放在天安门城楼上去——自己的学问要和祖国的心脏一起跳动；放在遥远的太平洋一座无人的孤岛上去——有安宁的心，静静地读书；放在南极去——考验人生的最大极限；放在帝国大厦的顶上去——阅读使自己站在高峰上；放到巴黎圣母院去——在阅读中知道什么叫崇高，什么叫纯洁；放到俄罗斯山庄园去——和土文豪、大诗人为邻为友；最后放到故乡的大地上——怀着乡情走向世界各地。小朋友们一定有自己的一张书桌，你们想过吗？你们的书桌要放到哪里去？

前面说到读书使我们变得聪明，而聪明、智慧就在书里。有人这么说：智慧就像一把盐洒在汤里，你找不到摸不着，却能尝到它的味道。智慧是生命中的盐，但我们现在喝的多半是清汤，没有味道。因为那些书还不是经典。

小朋友，去找一点自己喜欢的经典吧，去喝有味儿的汤，那汤叫智慧，去尝尝它的味道吧。

母校给我的文化记忆

文化的概念是很难定义的。伽德默尔说："也许我们知道文化和自己息息相关，然而，倾自己所知也不见得足以讲出文化是什么。"是的，到现在为止，我也讲不清文化是什么，什么是文化。但是，我总朦朦胧胧地觉得，江苏省南通师范学校第一附属小学（以下简称通师一附）是最有文化的地方。50多年前，我在通师一附学习，就是浸润在浓浓的文化之中的。要说我对母校最深切的印象是什么，我肯定会说，是母校无痕的文化；要说我对母校最真挚的感激是什么，我还是会说，是母校的文化在我人格的成长中打下的深深痕迹。母校的文化印记，一直陪伴着我。

母校大礼堂，好大好大，好高好高。就是在礼堂里，老师让我们演出课本剧。剧的名字，我再也想不起来了，但那时的景、那时的情却清清楚楚，恍如昨日。后来，我在师范院校里学习，在小学里当老师，编过剧，演过戏，不知道是否和礼堂里的那场演出有关。就是在礼堂里，我主持过少先队大队会、开学典礼、散学典礼。我和校长一起站在主席台上，说的是什么，当然也想不起来了，但是那种让学生当主人的感觉总是在心中跳动。原来，在舞台上为学生留出一个位置，母校在50多年前就这么践行了。让我不能释怀的，还有礼堂前的那两棵大树，树顶高出了礼堂。从校门进来，迎接你的首先是那两棵大树。它们像是历经沧桑的慈祥的老爷爷，远远地，含笑望着你，让你心定气清。在大树下，曾发生过多少故事啊！大概是 1955 年，市里召开党代会，少先队去献词和献花，一男一女。老师找到了我，我成为男少先队员的代表。可是，到了献词的那一天，薛长春老师发现我蓝裤子上没有皮带。老师不知从哪里给我找来一根。要知道，我是穷人家的孩子，那件白衬衫，那条蓝裤子，也是我想办法借来的。但就是那样"风光"的事，竟然落到我的头上！我不知道，在市政府礼堂献词、献花时，是否有人给我们拍了照片。不过，无所谓，那照片连同母校的公平、尊重、信任、期待，一直存在我的心灵深处。

大概是五年级，老师组织我们夜行军，目的地——狼山，去狼山看日出。米、油、盐、菜，每人带一点，锅、铲自有同学准备。也许是过于兴奋，那晚的前半夜我没能睡着。凌晨一点钟，哨声把我们召集在一起，摸黑向狼山挺进。回校后的某一天，作文课上，老师给我们讲了许多关于太阳、日出的词语和故事。我印象中，有徐惠、钱怡、汪玉如等老师，他们的学问之深、语言之美、声音之好听、字迹之清晰，在全市都是屈指可数的。后来我也成了小学语文教师，也写散文，现在还写所谓的论文，不知是否和他们有关。这是说不清的，因为文化基因本身就是看不到、摸不着，也说不清的。吴志仪校长给我留下的美好的东西太多了，尤其是她宿舍里从地板上垒起的日记，一本又一本，直至办公桌那么高。有同学说，那是吴校长每天的功课。不知怎的，直到如今，吴校长的那一叠日记，总是浮现在我的脑海里。我隐约知道，这是一种文化记忆，是一种文化的力量。

曾记得，老师办公室前，左右各有一个大水缸，那是供写毛笔字用的。现在，我都能想见，一个个小学生在水缸里舀水，端进教室。有时难免黑墨把水缸搞脏，是工友马连生他们把水缸清洗干净，又挑满清水。曾记得，后花园里的白绣球花、柿子树，开花了，结果了，柿子青了，柿子红了，高年级的同学摘下来，选送给幼儿园、低年级的小朋友，然后才是高年级的同学一人一个。吃完，柿核又埋进土里。也曾记得，操场上的篝火晚会，墙上贴满的好作文，劳作室里的飞机模型……50多年过去了，母校的文脉一直未断。

现在我还说不清文化的定义，但是我完全知道了文化。我很庆幸，家境贫寒，住在离校很远的姚港坝，母亲还是把我送进通师一附，后来把家搬到学校隔壁的旧教场巷，每天听着钟声上下学、上下课。如今，母校的钟声还回荡在我的心中，给我传递的是文化的信息。我想，如果学校给学生一个文化胚胎，打下文化印记，那文化就会在他的血脉里流淌，在他的心田里滋长，在人格的骨髓里凝聚、生长、强壮。这才叫学校，才叫好学校。通师一附，就是这样的好学校。

心灵的谷仓与那口藏着的水井

有位作家说过，人分两种，一种人有往事，另一种人没有往事。

我是属于那种有往事的人。我对往事回忆与怀念的脚步，常常在母校江苏省南通师范学校第二附属小学（以下简称通师二附）的校园里驻留。

那位作家又说，有往事的人常常悄悄写下他对往事的珍视，于是他才真正有了生活。

我常常回念往事。我对往事的回眸珍视的目光常常在母校通师二附的校园里流连，于是我的生活才有了内涵与色彩。

那位作家还说，人是怎样获得一个灵魂的？通过往事。其实，灵魂无非一颗成熟了的童心，因为成熟而不会再失去。

至今，我早已年过花甲，但总觉得有一颗童心在胸腔里活泼地跳跃，于是我有了一颗灵魂。那颗成熟了的童心和真正的灵魂，是我在母校通师二附的校园里获得的，又在母校的校园里再次活跃起来。

记得 1962 年 9 月的一天，秋季刚开学，我从师范院校毕业，来通师二附报到。接待我的是老校长缪镜心。她的鹤发童颜告诉我什么是和蔼，什么是慈祥，什么是关爱。缪校长没有手把手地教我上课，但她用特有的笑容和那头白发，以及她的雍容与稳重，教会了我怎么去识别人，怎么去关心人，什么样的人才是教师，什么样的教师才是有修养、有品位的。

　　老教导主任曾韵华、李静常常关心我的教学，言谈中总有一种真诚的期待。记得李静老师听我的课，不管我多么稚嫩，多么生疏，多么窘迫，她总是透过那副秀气的眼镜，递给我微笑，露出满意的脸色，似乎在说："不错，就这么上下去！"我顿时长了一分信心。其实，我知道她是在鼓励我。也许从那个时候起，我知道鼓励也是一种力量。而且，我知道了该以什么心态和脸色去听别人的课，即使是一次检查或者评比。

　　母校还有许多老教师，她们似我的大姐，总是给我以爱护，给我以宽容，给我以指导。记得程武英老师，笑着说我用毛笔书写的学生的姓名不怎么样，是批评又不让我难堪，是批评更是一种指点。记得汪琳老师给我多方的关心和帮助。她还说，和学生亲热，不要"勾肩搭背"。这种与学生关系的分寸感始终让我费心琢磨。不过，至今我都没有掌握好。记得李庚午老师上课时惯用的动作：用拳头情不自禁地轻轻地捶打自己的腰部。我从中领悟到的是，教师在课堂里应放松自如。她常让学生的作业从她的眼皮下一个个"通过"。我从中领悟到的是教师的责任感、严格，以及无微不至。记得施友书老师，讲课从不含糊，一是一，二是二，语调抑扬顿挫，目光炯炯发光。她说，教师的话在关键处要"钉钉还要转爪"。记得李定老师，她的执着有时到了"痴迷"的状态，无论是上公开课还是演出歌剧，无论是与你备课还是与你交谈。"痴迷"是一种状态，更是一种深入探究的精神。

　　与我年龄相仿的老师，有周见一、程泽民、黄银土等，他们在我的脑海里有鲜明的印记；比我年龄小的老师，如今有的也已退休，有的也年过半百多。他们当年的青春、活力、创造、幽默、刻苦、细致、真诚，有的甚至是"心血来潮"，都珍藏我心灵的谷仓里。

　　对我影响、帮助最大的是周琪校长和李吉林老师。

　　周琪是我小学时的老师。那时，她给我最深的印象是：威严，尤其是威严的眼光。后来，她调到通师二附，做了母校的校长，我才从她的威严中读出真诚和关爱。在她的眼光里，威严中有了一种思考的深邃与洞察的锐利。其实，她绝对是个最富同情心的人。我的成长与她分不开。记得一个夏天，我和班上的同学明朗等几人在四合院西北角楼上的图书储藏室里整理图书。天很热，我们汗流浃背！周校长来了，在楼下询问我们什么。从她的话语里，我知道她支持我们的行动。现在回想起来，她的暗示是：书是学校最宝贵的资源；爱读书是顶好的品质和习惯；自觉给学校整理出一个图书馆理应受到表扬。这也许为我现在仍在读书、思考、写作的习惯埋下一颗莫名的种子。周校长教会我与教师谈心，教会我如何对待得失成败，教会我主持会议，教会我如何观察与处理问题。有时，她不经意的一句话，让我顿悟。所以，周校长威严的目光里实际上是智慧，是心灵之美的另一种表现。至今，我都很钦佩周琪校长。

　　李吉林老师的年龄比我稍长，但我一直把她当作真正的老师。孔子用仁与智来评价人格的完美，我以为李吉林，仁者，智者也。人才也，大才也！她对我的影响、指导和帮助是多方面的，但最为重要的是：人要坚强。要有追求，要有深度，要有境界。一次次的上课，总是伴随着一次次讨论、一次次调整与修改。她的每一次公开课，都是我学习的课程。她说，小学是我的大学；她说，自己是长大的儿童；她说，我不是农民，却是一个播种者；她说，教师其实是诗人。她用自己的行动为中国小学语文教学、中国小学教育作出了卓越的贡献。如果说，我现在还能作些研究，还能写点东西，还有这么一点影响，是与李老师分不开的。记得我从行政机关调到省教科所任所长，是李老师第一个支持了我，足见她的真诚和远见。有时，我们也会发生争论，但友谊却越来越深，越来越纯，因为争论是友谊的延伸，是研究的深入。她何止影响了我一个人，母校的许多教师、许多学生是在她的影响下成长起来的。

圣 - 埃克絮佩里创作的童话中的小王子说得好："使沙漠显得美丽的，是它在什么地方藏着的一口水井。"母校不是沙漠，母校的那个荷花池也不复存在，但永远藏着一口水井。清澈的井水汩汩涌流，滋润着我们，于是我们大家都美丽了，都永远保留着那种美，那份美丽的回忆。

开头提及的那位作家还说过一句话：没有值得回忆的往事，一眼就望到了头。我望不到头，因为母校给了我许多值得回忆的往事。心灵的谷仓永远盛不下母校给我的金色的种子。那一颗颗种子永远在寻觅母校的那口水井，永远吸收着那流淌着智慧与思想的井水，永远在回忆中勃勃生长。

附录
和小主人教育同行的智慧使者

　　南京市琅琊路小学，坐落在静静的琅琊路上，校园很小很小，学生的体育课都是在马路上进行的……然而，这所静谧的园子，却以其内在的独特魅力，吸引着优秀的教师和莘莘学子投来向往的目光。

　　这里有一座普普通通的雕像，三个少先队员手捧和平鸽，红领巾和裙袂飞扬。这座明显带有20世纪80年代风格的雕塑，就屹立在小小校园的中央。一批又一批的学生簇拥着它游戏，在它的注视下成长。在这里，它是一个独特的精神符号——小主人教育。

　　是什么让这所看起来极其普通的小学校园，蕴藏着极其丰厚的文化底蕴和积极进取的丰富力量？也许，这是一个秘密，一个公开的秘密。这是琅琊路小学坚守了30多年的教育秘密，是"三个小主人"的培养目标的秘密，是"快乐做主人"理念在这里生根发芽、开花结果的秘密。

　　2014年，琅琊路小学捧回教育部首届基础教育国家级教学成果奖一等奖的殊荣，时任校长的我亲赴北京接受荣誉，并在人民大会堂受到习近平总书记的亲切接见。这一荣誉的获得，是对琅琊路小学30多年坚持探索的肯定。我不由感慨："作为学校，有一份特别的感谢要表达，小主人教育一路走来，不断深化，是因为有许多的专家和学者愿意和我们共同研究和探索，给予了学校最前沿的信息和最实在的行动支持，他们，是和小主人教育的同行的智慧使者。"

国家督学成尚荣先生，就是其中的一位。小主人教育一路走来，他亦师亦友，如影随形，在学校教育理念建构和发展的关键时刻，推动助力。

他，有着让人过目难忘的气质，高大的身材，轩昂的气宇，炯炯的目光，纹丝不乱的发型，还有冬日里的围巾。这大体会是多数琅小教师对成先生的外在印象。或许，在先生的心中，教育本身就该是这样，明明白白、清清爽爽、赏心悦目！

更令大家赞叹的是，先生的记性极好，大凡和先生一起参加过沙龙、座谈、研讨的，哪怕是在和先生的交谈中回答过问题的，提出过想法的，即使只有一次，也会被先生记住。再次见面，他便可叫出老师的名字，有时还会饶有兴致地与某位谈论起上次讨论话题的新见解。

喁喁仰之于先生的睿智

成先生是琅琊路小学小主人教育项目研究所的名誉所长。无论是"名誉"一词，还是"所长"一职，他都当之无愧。近 10 年来，他是琅小的常客，是琅小的朋友，更是琅小的家人。

有了成先生的一路相伴，琅小的小主人教育研究才得以不断深化。早在 2004 年，学校在研究和制定"小主人教育"第四轮研究课题时，成先生就将"小主人核心素养"这一概念带进"琅小园"。当今天的教育人在热议"核心素养"的时候，你不得不叹服成先生敏锐的前瞻性眼光。琅小的"小主人自主管理营""小主人智囊团""校长小助理"等品牌活动的创生和设立，同样得益于先生的独创性建议。看到越来越多的琅小学生自主意识得到增强，自主能力得到提高，那份来自成长的快乐体验越来越丰富，我们看到了成先生内心的坚持——将儿童作为自己研究的第一专业。

2007 年，学校提出"快乐做主人"的教育理念，"活跃在校园，快乐每一天"成为学校的流行话语。那么，究竟怎样的快乐才是真正的快乐？"做主人"是一种怎样的状态？如何评价学生"做了主人"？一连串的问题，摆在全校教师和学生的面前。查阅资料，翻看历史，有经验也有教训，有启发也有更多的问题。

迷茫中，成先生来了。他鼓励大家，不要在还没有开始"走"之前就缚心裹足，建议在学校原有的小主人教育的研究基础上，做属于自己的"本土范式研究"，这样更加灵活，更加具备本土性，研究也更有针对性。于是，"快乐做主人——儿童教育的本土范式研究"课题应运而生，在成先生和各位专家的指导下，学校成功申报了省级规划课题和教育部规划课题。

令琅小教师们啧啧仰之的还有成先生的学养。无论是他的专题讲座，还是小型沙龙，成先生总是淡定从容，睿智幽默。他喜欢和琅小教师一起研究、一起探讨，总是这样鼓励我们："到琅小来，总是很愉快的，每次总有很多收获。""跟你们在一起，我也在成长。"

我们很荣幸地邀请到成先生为学校教师作了数场专题讲座，为我们的校刊《小主人》撰写卷首语，参加学校的各种研讨活动……

小主人教育研讨，他和我们一直在一起，在路上……

诚诚敬之于先生的真挚

一次关于课堂教学的主题研讨活动，深深印在教师的心中。那一天，教师精心地捧出大家思维碰撞许久也在实践中努力研究一段时间后提炼出的观点，即琅小的课堂教学要将"高效、活力"两个关键词作为课堂表征。

参加现场讨论的教师思绪飞扬，把自己的思考和探索一一呈现，最后期待着成先生的肯定和鼓励。

然而，一向对大家鼓励有加的成先生，却提出与大家预想完全相反的意见。

他说："我不同意用'高效'一词，至少目前不同意。我们的课堂是面对学生的，是要对学生成长负责的。每一节课，都应该是高效的，否则就是在浪费学生的生命。我相信你们以前的各种教育教学方法的研究都是在研究提高教学效率，再提'高效'，要么是对过去的否定，要么是为了'博眼球'，这不是教育的实事求是的态度。"

参与讨论的骨干教师怔住了，儒雅的成先生今天与平时大不一样。他的严厉，从话语、眉宇直直逼进我们心里。每个人亢奋的思维似乎在成先生的字字铿锵中慢慢沉静下来。先生说，静下心来想一想，再想一想。毕竟，教育是关乎一个人、一代人、几代人的重要事业！片刻的安静过后，成先生调整了语气，语重心长地说："我和琅小是有感情的，我要对你们说心里话，把最真实的想法告诉你们，让我们共同成长。"

这就是诤友的情谊！

炎炎夏日，暑热蒸腾。一天，学校的许多教师接到这样的短信："请带着您已经写好的论文初稿，于晚上6点到9点来学校……"已经放假了，是谁在晚饭后要来读教师的论文？原来是成先生要为教师修改论文。成先生一连多日工作已经排满，他主动提出：如果教师不介意，他可以用下班以后的时间来帮教师修改。

我们来了，成先生早来了！他静静地聆听教师的想法，细致地阅读着教师精心写下的文字，时而提问，时而小结，时而圈画……为了论文的框架重整，彼此商量；为了不同的见解，小小辩论；为了增加的精彩，欣赏一笑……结束的时间远远超过既定的时间，夜幕下，一间斗室，满溢的是智慧和友谊。

教师从开始的拘谨到后来的顿悟，有的在听完自己的论文修改后又留下来听听别人的论文修改意见，想从中收获更多。那一年暑假，教师的论文获奖更多了，级别更高了，写论文的兴致和信心更强烈了。

学校也从中反思教师专业发展的重要性，把教师风格的塑造、专业团队的成长纳入工作视野，加快教师专业化成长的速度。

　　成先生在《戚韵东：快乐的儿童教育》一文中写道："快乐学语文"来自"快乐做主人"，是"快乐做主人"儿童教育观在语文学科中的延伸和渗透，但绝不是简单、机械的"搬运"和借用……这一主张是她（戚韵东）在"自主语文"基础上的提炼和升华，是"魅力语文"的超越和提升。这种对教师个人的教育思想和特质的总结和概括，源自成先生作为友者的细腻、帮助、追问。

暖暖感激于先生的领航

　　成先生对琅小的小主人教育研究呵护备至。从"三个小主人教育"实践路径的设计到"快乐做主人"新教育主张的提出，都倾注了他的心血。所以他坚信，"快乐做主人"这一教育主张的提出，是有根、有基础的。琅小的这一教育主张，绝不是"小主人教育"和"愉快教育"的简单叠加，而是观念的聚焦、思想的融合，是一种自我超越。"快乐做主人"追求的是新的儿童教育观，探索儿童教育的新视角、新路径，其本质是解放儿童。儿童教育必须解放儿童，解放儿童的目的和结果在于让儿童自由。

　　成先生参加过的琅小的教育科学研讨活动不下几十场。除了担当指导嘉宾的角色外，他还会在学校承办的省级以上的活动中担任主持人。"全国愉快教育年会"的召开，"教育家论坛"活动的开展，"双城会——南京台北教育交流活动"……在每一次教育名家荟萃的时刻，成先生举重若轻，淡定从容，将学者晦涩的专业名词和表述加以解释，将专家简洁凝练的点评语句加以丰富，将不同思考角度的意见加以融合比较，一词一句一言一行都值得咀嚼，需要回味。那一刻，他不是专家学者，而是一座桥梁，或是一个摆渡人，在琅小的小主人教育和未来间摇橹凝望。坚定的目光，温暖的关怀，让琅小人相信：没有比人更高的山，没有比脚更长的路。

先生的身体里，应该住着好几个自己：儿童的、理想的……或许，他一直最珍藏也最深爱的，是儿童的自己。所以，他了解儿童，执着于儿童教育，明晰学习过程的艰辛，却一直和我们努力建设一座"快乐的园子——琅小园"。

"是啊，快乐是一种磨炼，是一种力量，更是一种生命的姿态。在这样一种可贵的教育理念的濡染之下，琅小的孩子会永远快乐起来，琅小的校园就会成为快乐的园子，琅小的孩子们的家庭也会永远充满着快乐。"先生在 2008 年 11 月写给琅琊路小学校刊《小主人》的卷首语中说，字里行间满满是祝福。其实，我们深深知道：这座快乐的园子之所以如此快乐，书声琅琅，欢声笑语，一直快乐，并将永远快乐下去，是因为有先生这样的智者同行，且已如家人。琅小教师幸矣，琅小幸矣！

戚韵东

南京市琅琊路小学校长

致　谢

　　早上五点多就起床了，准备写文丛的致谢。每次写东西前，总喜欢先读点什么东西。今天读的是《光明日报》的"光明学人"，写的是钱谷融先生。

　　钱谷融先生是我国著名文学批判家、文艺理论家、教育家。那篇写他的文章，题目是：《钱谷融："认识你自己"》。文章写出了钱先生性格的散淡和自持，我特别喜欢。文章写到在 2016 年全国第九次作代会上，谈及当下的某些评论，钱先生笑眯眯地吟出杜甫的《绝句》："两个黄鹂鸣翠柳，一行白鹭上青天。"看提问者似懂非懂，他便说："黄鹂鸣翠柳，不知所云；白鹭上青天，离地万里。"提问者恍然大悟，开心大笑。

　　自然，我也笑了。我笑什么呢？笑钱先生的幽默、智慧、随手拈来，却早就沉思于心。我还联想到自己，所谓的文丛要出版了，要和大家见面了，是不是也像钱先生所批评的那样，看似好美却不知所云，看似高远却离地万里呢？我心里十分清楚：有，肯定有。继而又想，没关系，让大家评判和批评吧，也让自己有点反思和改进吧，鸣翠柳、上青天还算是一种追求吧。

　　回想起来，我确实有点追求"黄鹂鸣翠柳、白鹭上青天"的意思，喜欢随意、自在，没有严格的计划，也不喜欢过于严谨。我坚定地以为，这并没有什么不好，文字应当是从自己心里自然流淌出来的，有点随意，说不定会有点诗意，也说不定会逐步形成一种风格。我也清楚，我写的那些东西，没有离地万里、不知所云，还是来自实践、来自现场、来自思考的。不过，我又深悟，大家大师的

"随意"，其实有深厚的积淀，有缜密的思考，看似随意，却一点都不随便，用"厚积薄发"来描述是恰当不过的。而我不是大家，不是大师。所以应当不断地去修炼，不断地去积淀，不断地去淬化，对自己有更严格的要求。

我也有点散淡。总希望写点单篇的文章，尽管也有写成一定体系的论著的想法，但总是被写单篇文章的冲动而冲淡；而且单篇文章发表以后，再也不想再看一遍，就让它安静地躺在那儿，然后我会涌起写另一单篇的欲望。所以，要整理成书的愿望一点都不强烈，在家人和朋友的催促下，我不好意思"硬回绝"，只是说："是的，我一定要出书。"其实是勉强的、敷衍的。说到底，还是自己的散淡所致——看来，我这个人成不了什么大事。

好在有朋友们真诚的提醒、催促、帮助。非常感谢李吉林老师。曾和李老师同事了23年，她是我学习的楷模，我的思考和研究，在很大程度上是在她的影响和提醒下进行的。清楚地记得，我从省教育厅到省教科所工作，李老师鼓励我。她又不断地督促我，要写文章，要表达自己的思想。非常感谢孙孔懿先生。孙孔懿是学问家，他著作丰厚，是我学习的榜样。他总是温和地问起我出书的事，轻轻的，悄悄的，我在感动之余，有一点不好意思。非常感谢叶水涛先生，水涛才华横溢，读书万卷，常与我交谈，其实是听他"谈书"、谈见解，又常以表扬的方式"诱发"我写书。非常感谢沈志冲先生。沈志冲是高我一届的同学，他的真诚和催促，成了我写作、整理文丛的动力。非常感谢周益民老师。周益民是我的忘年交，是知己。他一次又一次地提议并督促。他还说：我和我们学校的老师可以帮助你整理材料。不出书，真是对不住他。非常感谢校长和老师们，他们对我的肯定、赞扬和期盼，都是对我的鼓励。在徐州的一次读书会的沙龙上，贾汪区一所学校的杜明辉老师大声对我说：成老师，我们希望看到您的书，否则是极大的浪费。杜老师的话让我感慨万千，他的表情一直在我脑海里浮现，他的话语一直在我耳边回响。非常感谢华东师范大学出版社大夏书系的李永梅社长、林茶居先生、杨坤主任及各位朋友、编辑，真心实意地与我讨论，有一次他们还赶到苏州，在苏州会议结束后，又与我恳切交谈，让他们等了好长时间。他们的真诚，我一直铭记在心。当然，我也非常感谢我儿子成则，他常常用不同的方法来"刺激"我，督促我，他认为这应是我给他留下的最宝贵的财富。

在整理文稿的过程中，翟毅斌默默地、十分认真负责地为我做了大量的工作：文字输入、提供参考文献、收发电子文稿、与有关老师联系，事情繁多，工作很杂。他说，我既是他的老师又是朋友，他既是我的学生又是秘书，而且是亲人。我谢谢他——毅斌。

在与窦桂梅老师谈及文丛的时候，在鼓励之后，她又有一个建议：在书后附一些校长和老师的故事。这是一个极好的创意，我非常赞赏。窦校长亲自写了一万多字的文章，有一天她竟然写到深夜，王玲湘、胡兰也写了初稿。我很感谢她们，感谢清华附小。接着我和有关学校联系、沟通，他们都给予真诚的支持和帮助：孙双金、薛法根、祝禧、王笑梅、李伟平、周卫东、曹海永、冷玉斌、陆红兵等名师、好友给我极大的支持和真挚的帮助；南京市琅琊路小学、力学小学、拉萨路小学、南京师大附小等都写来带着温度的文字；名校长、特级教师沈茂德也写了《高度的力量》——其实，他才拥有高度的力量。

出书的想法时隐时现，一直拖着。去年春节期间，我生发了一个想法：请几位朋友分别给我整理书稿，大夏书系李永梅社长说，请他们担任特约编辑。于是，我请了江苏教育出版社的周红，南京市琅琊路小学的冯毅、周益民，江苏教育报刊社的蒋保华，南京市教研室的杨健，南师大附小的贲友林，还有翟毅斌，具体负责丛书各分册的编辑整理工作。他们花了大量的时间和精力，在九月底前认真地编成。这是一项创造性的工作，他们给我以具体的帮助，谢谢他们。

书稿交出去以后，我稍稍叹了一口气。是高兴呢，还是释然呢？是想画上句号呢，还是想画上省略号呢？不知道。我仍然处在随意、散淡的状态。这种状态不全是不好，也不全是好，是好，还是不好，也说不上。"两个黄鹂鸣翠柳，一行白鹭上青天"，是我所向往的状态和心绪，也是我所自然追求的情境与境界。但愿，这一文丛不是"不知所云"，也不是"离地万里"，而是为自己，为教育，为课程，为大家鸣唱一首曲子，曲子的名字就叫《致谢》。

2017 年 2 月 15 日

图书在版编目（CIP）数据

儿童立场/成尚荣著.—上海：华东师范大学出版社，2017
ISBN 978-7-5675-6627-9

Ⅰ.①儿… Ⅱ.①成… Ⅲ.①儿童教育—教育研究 Ⅳ.①G61

中国版本图书馆 CIP 数据核字（2017）第 162395 号

大夏书系·成尚荣教育文丛

儿童立场

著　　者	成尚荣	
策划编辑	李永梅　林茶居	
特约编辑	冯　毅	
审读编辑	任媛媛	
装帧设计	奇文云海·设计顾问	

出版发行	华东师范大学出版社
社　　址	上海市中山北路 3663 号　邮编　200062
网　　址	www.ecnupress.com.cn
电　　话	021 - 60821666　行政传真　021 - 62572105
客服电话	021 - 62865537
邮购电话	021 - 62869887　地址　上海市中山北路 3663 号华东师范大学校内先锋路口
网　　店	http://hdsdcbs.tmall.com

印 刷 者	北京汇林印务有限公司
开　　本	700×1000　16 开
插　　页	1
印　　张	17
字　　数	200 千字
版　　次	2018 年 5 月第一版
印　　次	2025 年 1 月第二十六次
印　　数	83 101–85 100
书　　号	ISBN 978-7-5675-6627-9/G·10465
定　　价	58.00 元

出 版 人	王　焰

（如发现本版图书有印订质量问题，请寄回本社市场部调换或电话 021-62865537 联系）